管理丛书

班级活动的设计与实施

BANJI HUODONG GUANLI CONGSHU

本书编写组◎编

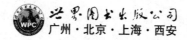

世界图书出版公司
广州·北京·上海·西安

图书在版编目（CIP）数据

班级活动的设计与实施／《班级活动的设计与实施
》编写组编 . —广州：世界图书出版广东有限公司，2011. 3（2024.2 重印）
ISBN 978 - 7 - 5100 - 3346 - 9

Ⅰ. ①班… Ⅱ. ①班… Ⅲ. ①活动课程 - 课程设计 -
中小学 Ⅳ. ①G632. 3

中国版本图书馆 CIP 数据核字（2011）第 036053 号

书　　　名	班级活动的设计与实施
	BAN JI HUO DONG DE SHE JI YU SHI SHI
编　　　者	《班级活动的设计与实施》编写组
责任编辑	王　红
装帧设计	三棵树设计工作组
出版发行	世界图书出版有限公司　世界图书出版广东有限公司
地　　　址	广州市海珠区新港西路大江冲 25 号
邮　　　编	510300
电　　　话	020-84452179
网　　　址	http://www.gdst.com.cn
邮　　　箱	wpc_gdst@163.com
经　　　销	新华书店
印　　　刷	唐山富达印务有限公司
开　　　本	787mm×1092mm　1/16
印　　　张	12
字　　　数	160 千字
版　　　次	2011 年 3 月第 1 版　2024 年 2 月第 3 次印刷
国际书号	ISBN　978-7-5100-3346-9
定　　　价	59.80 元

序　言

　　班级是学校为实现一定的教育的目的，将年龄相同、文化程度大体相同的学生按一定的人数规模建立起来的教育组织。班级不仅是学生接受知识教育的资源、也是学生社会化的资源、学生进行自我教育的资源。整个学校教育功能的发挥主要是在班级活动中实现的，一个班级的集体意识主要是在班级活动中形成的，每位学生自身的潜能同时也可以借助各种各样的班级活动得到挖掘与施展。

　　班级管理是一种有目的、有计划、有步骤的社会活动，这一活动的根本目的是实现当代教育目标，使学生个体得到充分、全面的发展。它需要广大教师朋友们根据一定的目的要求，采用一定的手段措施，带领全班学生，对班级中的各种资源进行计划、组织、协调、控制。班级活动状况直接关系到学生的学习效果，间接影响到学生的生活情趣，同时它对评估教师的教学质量也有一定的影响。

　　班级管理是一个相互协作、彼此互动的过程，也是一个动态发展、不断创新的过程。因此，只有参与班级活动的各个成员积极拿出激情，教师的管理、班干部的协助与班级各成员主动配合，管理者与被管理者大胆尝试、开拓创新，班级活动才能顺利地开展，班级管理才能有效地实施。因此，如何搞好班级管理，开展什么样的班级活动，应该是值得每一位学校、每一位老师，尤其是班主任老师们仔细考虑的。

　　本套丛书以促进学生各项潜能全面、协调发展，促进教师的教学事业的开展为基本出发点，采用基本理论与具体案例相结合的编写形式，分板块、有层次地对班级活动管理进行了归纳与探讨。我们参考了广大教育工作者在班级活动管理中的经验，引述了与此相关的成体系的、并得到教育界普遍认可的理论，借鉴了各地区、各学校成功开展班级活动的优秀案例，理论与实践相结合，抽象与具体相结合，以期为教师朋友们提供一套班级活动行动指南，并在此基础上帮助教师朋友们做好教学工作、搞好班级管理。

其中，《班级活动与班级体教育》阐明了班级管理的专业地位，对班级的教育问题进行了探究；《班级活动的设计与实施》从宏观上介绍了种类繁多、形式各异的班级活动；《如何创造性地开展班级活动》探讨了在新的时代形势、新的教育背景下开展班级活动的创新之途；《优秀班集体的建设与维护》从微观上提出了积极建设优秀班集体，努力维护和谐班集体的观点与建议；《班级活动游戏宝典》专门性地对多种班级游戏做了归纳与分类，针对性地提出了关于班级游戏的参考意见；《主题班会活动设计》五卷则对班会这一最普通、最常见的班级活动进行了细致的划分与专题性探讨，在形式上统一采用"班会目的＋班会准备＋班会过程"的基本编写模式，异中趋同，同中有异。

这套丛书将有助于教师朋友们拓展视野、打开思路，但班级活动管理是否能落到实处，实施中能否得到理想的效果，还是要通过实践的尝试与检验的。诚然，在具体的实施过程中，不可避免还会出现意料之外的种种困难，这就需要我们的教师朋友们具体问题具体分析，在参照我们的理论建议与案例参考的同时，立足自己的实际情况，因时而异做出适当调整。

总而言之，班级活动管理是一项长期的、有意义的任务，在大力提倡素质教育的今天，它又是时代对新课程教育提出的新要求、新考验。虽然在实施的过程中会遇到接踵而至的困难，但我们相信，只要学校加强重视，教师不辍尝试，孩子们终会得到一次又一次有意义的班级活动的，这些未来的建设者们也会在这一次又一次的参与中锻炼能力、收获新知的。

前进路上，我们与你携手并进！

前　　言

　　鲁迅先生曾经说过："没有兴趣的学习，无异于一种苦役；没有兴趣的地方，就没有智慧和灵感。"兴趣是最好的老师，有了兴趣，学生才爱学，才能把自己所有的感觉、情绪和知识投入到学习中去，才能发挥巨大的学习潜能。只有充分调动学生的兴趣，才能激发学生的求知欲望，才能让学生由被动的接受知识转变为主动进取的学习。事实证明，开展学生喜闻乐见的班级活动为实现以上教育目的提供了可能。

　　活动是人类特殊的存在方式，教育活动是实现个体社会化和社会个体化的根本途径。班级活动是教育活动的组成部分，是由成员集体参加的有计划、有目的、有组织的教育活动。

　　对班级活动的理解有广义和狭义之分。广义的班级活动，是指教育者为了实现一定的教育目的，组织班级全体成员参加的一切教育活动，包括课堂教学活动、课外活动、社会实践活动等。狭义的班级活动则是指在学科教学以外，教育者为了实现一定的教育目的，组织班级全体成员参加的教育活动，包括综合实践活动、课外活动或"第二课堂"等。本书中所探讨的即是这种狭义的班级活动。

　　班级活动是一个动态、开放的系统。它可以在校内开展，也可以在校外开展。在校内主要是由学校领导、教师、班干部等组织开展；在校外则是由学校领导、教师和校外教育机构组织负责人组织指导，直接介入相关机构对学生进行教育活动。

　　班级是学生成长、发展的重要环境之一。班级活动为学生获得思想启蒙、提高处事能力、学习与人交往等方面提供了场所和机会，使学生在班级活动中日渐成熟，为将来步入社会打下坚实的基础。此外，丰富多彩的班级活动还为促进学生的技能技巧、兴趣爱好的发挥起着重要的作用。

那么，如何策划和组织班级活动？如何通过班级活动影响人、感染人、锻炼人？如何让班级活动的效果达到事半功倍，收到良好的教育效果呢？相信本书为这些问题提供了切实可行的参考答案。

本书依据班级活动目标和功能的不同，将其分为主题班会、学习类班级活动、科技活动、文体活动、心理辅导活动和社会实践活动。当然，任何分类都是思考者的主观意愿，其实都是一家之言。关键在于分类的标准是否符合一定的理论或者事实依据，逻辑是否清晰可信。对于每一种班级活动，编者从设计与实施两个维度去考察，在内容的叙述中，有理论，有案例，阐述原因，指出解决方法。在案例的选择上，力图多样化，贴近现实。我们衷心希望本书能够对教育的同行有一点启发，也期望与教育界同仁一起，为创新、发展班级活动工作尽一份绵薄之力！

目 录

第一章 班级活动及其组织和管理

　　班级活动是创造性地建设班集体的最重要的组成部分和最重要的内容。每一位班主任都要搞班级活动，但是否能搞好班级活动却是另一码事。如果要求班主任能够并且善于创造性地开展丰富多彩的班级活动，则是高层次的标准了。这就要求班主任对班级活动有较深入的理性认识，对于开展活动的原则和方法能够了解和掌握。总之，对班级活动要具备从"知"到"行"的能力。

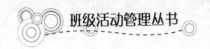

第一节 班级活动的内涵、分类及意义

一、班级活动的界定

班级活动，顾名思义，是在班级内有组织地开展的各种活动。实际上，班级活动是一个不很确定、不很统一的概念，还有广义和狭义之分。比如从广义上来说，班级里大量的活动是各科的教学活动，教学活动中总蕴含着思想品德教育、政治教育、个性心理品质培养的内容。那么，教学活动算不算班级活动呢？如果我们在认识上不拘泥于"课外"这一条件，教学活动就是最主要的班级活动了。当我们以"课外"对班级活动加以限定时，又会发生歧义，比如，我们的"班会"课是排在课表里的，劳动技术教育课则是必须进行的课业，它们是作为"课内"还是"课外"呢？许多语文教师（有些就是班主任），常常利用作文课时间与班主任协作开展一些活动，像演讲比赛、朗诵比赛、参观访问，这些活动又怎么算呢？当然，各任课教师按教学大纲和教材直接进行的授课活动，班主任的参与度较低，我们不拟加以探讨。

为了把对班级活动的探讨，限制在一定范围内，我们不妨对"班级活动"做一狭义的界定：班级活动是指在学科教学以外，教育者为了实现一定的教育目的，组织班级全体成员参加的教育活动，包括综合实践活动、课外活动或"第二课堂"等。

二、班级活动的分类

班级活动丰富多彩，对其进行科学分类，一方面可以加深我们对班级活动的认识，另一方面可以为班主任有针对性地进行班级活动方案的设计与组织实施提供参考。根据不同的标准可以对班级活动进行不同的分类。

1. 根据活动地点分类

根据活动地点分类，班级活动可以分为校内和校外班级活动。

校内班级活动是指在学校中组织进行的班级活动，包括例行性班级活动、专题性班级活动和综合性班级活动。例行性班级活动又称班会，主要处理一些班务，引导全班同学对班级进行民主管理。专题性班级活动是指根据学校的统一安排，或者学生的实际需要，以中心议题的形式开展的班级活动。其中的议题可以是针对某一普遍问题而对集体进行教育的活动，也可以是学习一定知识的活动，还可以是开发学生思维、发展学生想象力的活动。综合性班级活动由一系列形式多样，具有不同目标，但却有一定相关性的活动组成。这类活动因其形式多样、内容丰富、娱乐性强，较受学生喜爱。

校外班级活动是指组织班级学生走出校门，为接触社会、了解社会、服务社会而开展的活动。校外班级活动形式多样，如：以了解社会为目的的社会调查、社会考察；以培养学生的劳动观为目的的勤工俭学、支农支教活动；以培养学生道德品质为目的的社区义务劳动、敬老爱幼、拥军优属活动；还有各种参观、瞻仰活动等。

2. 根据活动时间分类

根据活动时间分类，班级活动可分为常规性班级活动和即时性班级活动。

常规性班级活动指那些周期性开展的活动，如夏令营、冬令营、春游、秋游、清明扫墓、重阳登高、学雷锋日等。这些活动时间规律，年年重复，并且有一定的模式。

即时性班级活动是指利用学生在学习、生活中遇到的偶发事件而迅速开展的活动。它往往是临时决定的，一般时间短，但针对性很强。

3. 根据活动功能分类

根据班级活动的目标与功能，可将其分为主题班会、学习类活动、科

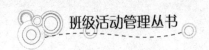

技活动、文体活动、心理辅导活动、社会实践活动等。

主题班会，是指在班主任指导下，以班为单位，以学生为主体，围绕特定的主题对学生进行教育的一种重要活动，主要目的是帮助学生形成积极健康的精神面貌，包括良好的道德品质、积极的思想感情、健康的心理素质等。

学习类活动侧重于学生对一定知识、技能、学习方法的获得与练习。如各种知识竞赛、演讲、科技创新、课题设计等，可以针对学科教学的内容，也可以针对日常生活中的问题，既有利于知识与方法的习得、保持，又可以增强学生独立探索的能力、合作的能力、解决问题的能力，还可以培养他们的社会责任感和产生解决问题后的成就感。

班级科技活动是指以班集体为单位组织学生开展的科技活动。这种活动形式给学生创造了一个生动活泼的、自由的学习环境，使他们能根据自己的兴趣、爱好、特长，按照自己的意愿与最亲密的同伴一同选择性地参加活动。

班级文体活动是指学校通过健康的文化、艺术、娱乐、体育活动对学生进行熏陶和教育，以发展学生的美感和健康体魄的教育形式。

班级心理辅导活动是指以班级为单位，针对中小学生年龄特点和成长发展的实际需要而设计的心理辅导活动。

班级社会实践活动是指班级学生在教师指导下走出教室、进入实际的社会情境、直接参与并亲身经历各种社会生活和社会活动领域而开展的各种班级活动。

三、开展班级活动的意义

开展班级活动的根本目的是更好地育人。我们先做一假设：各个班级的学生在学校只学习规定的各门课程，听讲、完成作业、参加考试，没有班会、校会，没有文体活动，没有社会实践，不听报告，不办板报，不庆祝任何节日……我们能够培养出德、智、体、美、劳"五育"全面和谐发展，有优良个性品质的"四有"新人吗？当然不能。因此，开展丰富多彩

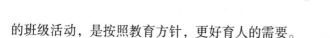

的班级活动，是按照教育方针，更好育人的需要。

我们知道，人不能离开活动。每一个人通过参加各种活动满足自己的物质需要和精神需要，在活动中发展自己，同时，也影响、作用于他人和社会。人类是活动着的人类，个人是活动着的个人。我们的教育事业，是一种社会现象，是大规模的系统化的社会活动。人才的成长离不开教育者与被教育者在一定条件下（时间、场所等）所进行的各种活动。教学活动是其中的重要部分，还有其他各种各样的活动。班级活动，在全部活动中占最大的比例，因为班级是教育大系统里的最基本的单位，是学生进行各种活动的第一环境。

1. 丰富多彩的班级活动促使学生提高认识能力

学生参加各种活动，从不同方面打开了视野，获得了知识。许多知识是书本上没有的。在各种活动中，学生要通过自己的感官去观察，去倾听，去感受，更要通过自己的大脑去思考。因为每一项活动都是有明确的目的的。活动为学生提供了很多的信息，这些信息经过大脑的分析、加工，就会得出新的认识。这正是活动内容"内化"了，学生的认识能力当然得到了提高；新的认识，成了学生知识结构的新的补充，增加了学生今后认识活动的基础。

2. 丰富多彩的班级活动促使学生提高实践能力

学生在参加活动时，不仅要看、要听、要想，而且要说、要做。社会调查、劳动、参观、访问、文艺、体育、科技等活动，都需身体力行，即使是准备一次班会的发言，也必须收集材料，撰写发言稿。而且，由于学生的"成就动机"，他们总是想说要说得好，做要做得像样，他们肯于付出精力是不待言的。当他们说的和做的取得成果时，在获得愉快心理体验的同时，也获得了能力，这就是实践的能力。如果结果不理想，他们将取得教训，作为以后实践的借鉴，这也有助于他们实践能力的提高。学生在实践中锻炼的能力，既有普通的能力，也包含有特殊的能力。

3. 丰富多彩的班级活动促使学生学会"做人"

许多项班级活动的内容都是为了对学生进行思想品德教育，即教他们如何"做人"的。即使不以思想品德教育为主的活动，也渗透着诸多的德育内容。尤其应该指出，学生参加各种活动，必然在活动中与人交往，参加的活动越多，交往的面越广，交往的频率就越高，这正好为学生提供了学习"做人"的极好机会。在交往中，他们会认识到互相协作、互相支持、互相帮助的重要性，他们必须按应有的道德规范去处理好自己与他人，自己与集体的关系。他们以往的道德认识、道德判断得到实践，而且在实践活动中，又会获得新的道德认识、道德判断和道德情感。如果有谁在活动中品德表现不好，就将得到否定的评价，将会受到批评和谴责，他将会反省，努力改变自己。学生也会在活动中逐步提高思想品德水平。

4. 班级活动促使班集体的逐步形成

班级的共同目标要靠班级每个成员参与共同的活动而实现。班集体的形成，需要通过一系列教育活动，而集体活动的有效开展，可促进集体目标的实现、集体纪律的增强、同学友谊的发展，因而也在一定程度上标志着集体的形成、发展、巩固。

没有经常的集体活动，集体的生命是孱弱的，整个班级会没有生气，也会导致集体发展停滞以至集体"窒息死亡"。中小学生喜欢参加各种生动活泼、富有情趣的集体活动，集体观念和为集体服务的能力，就会在集体活动中得到发展。通过集体活动，调动集体成员积极性，增强集体凝聚力，形成健康积极的集体舆论和良好风气，是班主任加强班级管理的重要手段。

5. 班级活动促使学生良好个性的形成

学生的个性品质、兴趣、才能等在集体活动中能得到表现，也在活动中得到巩固、发展和调整。性格内向的学生，有的由于多次活动中获得满意的角色而积极参与，其智慧和特长得到发挥，变得活泼、开朗，喜与别人交往。而热情很高而欠踏实的学生，在集体活动中多次承担较复杂任务，也可使他变得比较冷静、务实。开展课外活动，能使学生在丰富多彩的活动中，在更为广阔的天地里驰骋。所谓"海阔凭鱼跃、天高任鸟飞"，爱文学的、好体育的、善书画的、嗜科技的，他们的兴趣爱好都可以沿着

正确的方向发展，进而使其个性得到优化，特长得到发展。同时，还可以通过有意识地培养学生某个方面的专长，指导学生的职业定向，使活动成为培养专业人才的"摇篮"。

第二节　班级活动设计与组织的原则

在班集体教育系统中，班级活动与学科课程教学互为补充、相辅相成，共同促进学生的发展。由于内涵与目的上的差异，与学科课程教学相比，班级活动在内容、特征、形式等方面都具有自己的特点，对设计与组织工作提出了独特的原则性要求。在开展班级活动时，要注意以下几个原则：

1. 目的的教育性原则

组织班级活动要有一定的教育意义，教育意义是多方面的，它可以是提高学生思想道德水平的，可以是开发智力的，可以是提高实际操作能力的，可以是增强审美情趣、强身健体的，等等。好的班级活动应发挥教育的综合功能，要使活动具有教育性，就应该做到：活动目标要最大限度地发挥班级活动的教育作用；活动内容丰富多彩，使学生受到不同侧面的教育；活动过程是教育性的具体体现。首先活动的名称要有感染力，其次活动准备的场地要有教育氛围，会场布置要体现教育情境、活动气氛，标题的书写、展板的摆放、桌椅的形式都要做整体设计。在活动进行中，要最大限度地调动学生动口、动手、动脑参与，使他们在亲身实践中受到教育，同时要注意电脑课件、实物投影等物品的教育作用。活动总结最好发动学生自己总结收获和体会，通过反思和总结，达到自我教育的目的。

第一章　班级活动及其组织和管理

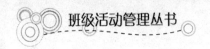

2. 内容的生活性原则

班级活动内容要贴近学生生活，即从学生的眼中看自我内心生活、校园生活、社区生活、时代生活。内容选择要艺术，讲究"新"与"实"。

所谓"新"，就是要根据新的形势、新的任务，结合"最新信息"、热门话题，将聚焦对准热点，从而确定活动内容。这样做容易激发学生的兴趣，增强活动的吸引力。如：中小学生都适宜开展的"周末新闻发布会"，让学生利用周末时间，对从报纸、广播、电视中看到听到的社会新闻、国际新闻进行综合述评，锻炼学生的分析、综合及表达能力；"跳蚤市场交易会"，让学生进行图书、生活小百货、玩具的交易活动，由学生自己充当物价员、公证员、经纪人，亲自品尝参加经济实践活动的滋味；再如"为中国足球加油"的演讲活动、"心系奥运"的系列活动都具有一定的新意。

所谓"实"，就是要因时制宜，因地制宜，结合学生思想实际，针对学生年龄特点开展活动。这样做能让学生感到实在、实用、实惠，从而调动学生参加活动的积极性。要有计划但不囿于计划，不能为活动而活动，否则，"隔靴搔痒"是解决不了任何问题的。

3. 形式的有趣性原则

班级活动的形式，是为班级活动的内容服务的，因此，不能不受到活动内容的制约。但是，同样的活动内容，却可以选择不同的活动形式，不同的形式所产生的效果也会大相径庭。譬如，同样是对学生进行珍惜时间的教育，有一个六年级的班主任，要求学生利用课余时间，搜集古今中外惜时佳句、名人格言，编纂《惜时篇》。学生固然能从中受到一定的惜时教育，但花费的时间和精力过长过多，反使学生抱怨。而另一位班主任则以化装晚会这一新颖的活动形式，通过有趣的剧本情节、生动的人物形象，给学生以"愉悦教育"，较之于前者组织的珍惜时间的主题班级活动，效果要好得多。因此，班主任在组织开展班级活动时，必须努力使活动形式有趣、新颖、灵活，易于操作。

4. 实施的操作性原则

在设计阶段，就要注意班级活动的可操作性。

首先，要注意规模适当。从规模上看，有日常的活动，也有主题突出的活动。日常活动基本上是每天要进行的，因此要短、小、实。短，即时间短，一般三五分钟；小，即解决小问题，或针对班里的情况一事一议，或对一种行为展开评价，或背诵一首古诗，或表扬一个同学；实，即解决问题要实际，一次集中解决一个问题，不要面面俱到。形式上也要保证实效，可以有全班、小组、同桌活动几种形式。

其次，要注意活动的频率。一学期里，班级主题活动的次数不能过多，也不能没有。活动过多，学生花费很大精力在活动上，必然会影响学习；活动过少，学生会感到枯燥、乏味。至于活动多少为宜，要依据具体情况具体分析。

再次，班级日常活动要形成自动化操作。如上操、查卫生，主持每天的晨会、夕会等，每天有专人负责，固定时间进行，操作就简单了。每一次大的班级活动，事前要制定详细的方案，谁主持、谁发言、谁表演、谁负责录音投影、谁总结都要事先安排，这样，操作起来才能有条不紊，顺利进行。

5. 主题的针对性原则

班级活动要讲求针对性，可以开展的活动很多，每项活动都应有针对性。针对性越强，收效越大。

一是要针对学生的年龄特点和身心发展需要。同一内容的教育，在各个年龄段都可以进行，但具体的内容层次和方法却应有所区别，没有区别就没有了针对性。例如，同样进行交通法规教育，一位小学低年级班主任搞了一个"家庭小民警"的活动，把学生的积极性充分调动起来了，男孩子组织了"男子汉检查队"，女孩子组织了"自己动手队"，开展竞赛，不仅教育了学生自己，也教育了家长。而另一位初中班主任，让班委会出面，组织了一个"模拟法庭"主题班会，以本校违章受罚和交通事故作资料，编写了"法庭"审理、判决的班会活动计划，分角色排练，也收到了

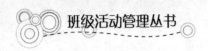

很好的教育效果。

二是要针对班级里实际存在的问题。活动总要解决点问题，越是能针对班级现实存在的问题开展活动，效果会越好。一位小学班主任发现本班有的学生用手帕擦桌子，擦玻璃，用完就扔掉，有的学生不带手帕，埋怨"妈妈没给我洗"；有的女孩子专门比谁的手帕多，谁的手帕漂亮。班主任认为这都反映了学生的思想问题，于是通过联系，搞了"三进手帕厂"的教育活动。当学生们看到一块手帕要经过60道工序，看到工人叔叔、阿姨在闷热的车间里汗流满面的工作以后，思想受到了很大的震动，改掉了原来的毛病。一位高中的班主任发现本班团支部"考验"申请入团积极分子太严，20多人申请入团，很长时间一个也通不过。有的人被"考验"得有了气，不愿意入团了。班主任为了教育团员关心、爱护同学的入团积极性，也为了教育广大申请入团同学坚持不懈地严格要求自己，设计召开了一次"金光闪闪的团徽热情向你招手"主题班会。班会开得庄重、生气勃勃而又充满激情。不久，这个班的团支部壮大了，后来被评为模范支部。

三是要针对社会上各种热点的现象开展班级活动。社会上的"热点"现象，有的是积极的，通过活动，引入班级，促进集体的发展和每个成员的成长，像学习先进人物的事迹等。有些现象是消极的，要通过活动，引导学生认清现象的实质，分清是非，自觉抵制消极影响，像"网吧热"、"武侠热"、"消费热"，都曾是许多班级活动的热门话题。

6. 设计的创造性原则

班级活动不能老生常谈，要保持班级活动的高度吸引力，获得最佳效果，必须有创造性。

创造性首先表现在活动内容上。这就是要随着班集体的发展，随着客观形势的变化，不断丰富和充实活动的内容。有些内容，例如爱国主义教育、理想教育、集体主义教育、法制教育等，基本主题不变；但是随着时代的发展，总有新的内容和材料，班主任必须善于及时地纳入到班级活动中来。即便是一些不以思想品德教育为主的班级活动，也必须有创造性。例如科技小组活动，如果仅仅停留在模仿性的小实验、小制作上，而没有小发明、小设计、小创造，也不能达到培养科学意识，培养创造性能力的效果。

创造性还表现在活动形式上。再好的内容，没有学生喜欢的生动活泼的形式，效果也不会好。近几年来，班主任在实践中创造了许多活动形式，像"系列教育活动"、"辩论式教育活动"、"测试性班（队）会活动"、"主导目标教育活动"、"非言语交往活动"、"热门话题"、"一分钟回答"、"欢快的课间十分钟"等等都是过去根本没有或很少使用的活动形式。这些形式，适合当今学生的特点和口味。

第三节　开展班级活动的过程与方法

班级活动的教育性不仅体现在活动内容上，活动的过程和方法也是教育性的具体体现。就一次班级活动来说，只有从计划、发动到实施都全心投入的学生，才会获得真正的成长。从活动的整体来看，班级活动具有指向明确、集中连贯的特点，活动之间也应有连续性和系统性。在这个系统中，每一个活动的结束成为下一个活动的起点，后一个活动又巩固、强化了前一个活动的教育。在这样循序渐进的过程中，班级活动的整体教育效应就会逐步得到落实。所以，对于班主任来说，不仅要了解每一次班级活动的开展的基本程序和方法，还有关注班级活动开展过程中的资源和价值，追求班级活动过程的整体教育性。

一、开展班级活动的一般过程

一般来说，班级活动由以下四个基本环节组成（当然，活动类型不同，具体环节也有差异，我们在以下章节中会针对各种类型的活动再详细说明）：

第一章　班级活动及其组织和管理

1. 计划

它是教育活动过程的起始环节，包含班级的学年活动、学期活动计划，以及每次活动的实施细则。计划的具体内容有：活动名称、目的要求、形式、步骤、时间、地点、活动器材、各项具体活动的负责人、活动评价、活动管理等项目。

2. 实施

它是教育活动过程的中心环节，是达到活动目的、完成活动要求的基本手段，是活动全过程中的关键。班级活动要按照活动计划去展开，允许在实施过程中对原计划作必要的修改。

3. 检查

它是教育活动进行过程的中继环节。计划实施一段时间之后，就要将计划的实施情况与计划相比较，看实施情况是否符合计划的预设要求，了解实际效果。要发动全体学生自觉地参加检查，在检查中要加强指导，不断提高活动质量。要关注学生活动的无形结果，对学生过程与方法、情感态度价值观要有正确的评价。

4. 总结

它是教育活动进行过程的终结环节，要用科学的方法，对已经做过的工作进行评价，肯定成绩，总结经验，指出缺点，进而明确下一个活动应努力的方向。

班级活动的四个基本环节之间既相互联系，又统一于教育活动过程之中。其中计划统率着整个活动过程，实施是为了计划的实现；检查是对实施的监督，是对计划的检验；总结是对计划、实施、检查的总评价。这四个环节的有机结合，形成了班级活动的系统过程。

二、组织班级活动的基本方法

组织班级活动的成败，与是否能选择最佳活动项目主持人、最佳活动

形式、最有效的管理方式、创设良好的活动情境等紧密相关。

1. 班级活动项目主持人的选择

将班级活动作为一个整体或者分成若干相互联系的板块，通过开放的、民主的途径选出活动项目主持人。活动项目主持人类似于企业管理中的项目经理，对自己负责的班级活动任务进行策划和实施。包括活动的要求、实施、督查与评估等，其中实施过程就要考虑到参与人员的分工和协调，场地、器材等物质保障，安全措施等因素。

作为班级活动主要形式之一的班会活动，选择主持人是重要的一环。主持人可以是老师，也可以是班干部；可以是班级学生代表，也可以是特邀嘉宾。到底选择什么人为课外活动主持人，则主要是看其是否具备下列基本素质：①仪表端庄，举止大方，有主持好班级活动的热情与信心；②有一定的口头表达能力，且语言幽默、诙谐；③有一定的组织协调能力；④有一定的处事不惊的应变能力。班级活动的主持人，可以是一个，也可以有数个。一个主持人便于指挥集中，但能力有限；几个主持人，好在智力互补，但难以协调一致。能否选择恰当的人选担任活动主持人，是活动成功与否的关键。

2. 班级活动形式的选择

班级活动的形式有很大的选择余地，但要注意考虑两方面的因素：一方面要与活动内容相适应。例如有关伦理性的教育内容，当学生对同一事件或问题有各种不同的看法或评价，甚至有尖锐对立时，可采取讨论、辩论等形式；如果目的是为了树立某种学习的榜样，则可以采取报告会、讲演、读书评论、编演等，反映先进事迹的节目或者组织学先进的相应实践活动；如果是为了总结班集体与学生取得的成绩，弘扬其先进事迹和先进思想，可采用汇报会、作业与成果展等方式；如果是为了促进师生之间、学生之间的了解、交流，就可以采用联欢、游园等方式。另一方面考虑活动形式的吸引力和为学生提供的积极参与面。这就要求相联结的几次班级活动在形式上的变换，寻找在同样能为内容服务的前提下活动形式的新颖性。有时，可以围绕同一主题开展一系列活动，把教育影响不断扩大、不

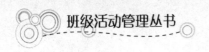

断深化。

3. 班级活动管理方法的选择

班主任对班级活动的管理，通常有以下几种方式：

参与型。班主任自始至终以主体的身份参与整个活动，或吟诵，或高歌，或演讲，或踢球，这样做有利于师生情感的沟通和组织管理的协调，亦有利于学生积极性的提高。

遥控型。班主任因为担心学生的自律、自控能力，怀疑班干部的组织管理能力，所以，虽不参与却每次现场必到，并不时地指指点点。这样做，虽然看上去令行禁止，活动纪律严明，但学生始终在老师的掌控下活动，无形中会产生压抑感，且不利于提高学生的自控、自治能力。所以，这种管理方式显然是不足取的。

放任型。参与型的管理方式，固然有许多好处，但不利于学生的自我教育与自我管理。学生在老师面前，总不免有些拘谨，影响其创造力的发挥。放任型的管理方式，恰恰可以弥补"参与"之不足。所谓放任型，就是在活动时间内，班主任不到活动现场，而是放手让班干部组织管理。但这种管理方式，又容易脱离学生，容易流于形式，难以达到预期的效果。因为学生的自觉性是有限的，班主任不到场，亦容易使学生误以为老师不重视。

班主任要善于通过自己的创造性思维，探索出更为完善、更为科学的管理办法，以提高课外活动的管理水平。比如民主型管理，要求班主任能处理好教师指导和学生参与的关系，既要放手让学生自我管理，充分参与，又能适时、适度地发挥班主任的指导和管理作用。

班主任要"适时适度"发挥引导作用，可以抓好"四个点"：①选好接触点，即学生与时代脉搏的接触点；②诱导兴奋点，把学生的兴趣、爱好和议论的热点，引导到关心国家大事、关心自己健康成长上来；③点拨关节点，加强班级活动的思想观念、设计思路和实施方法的指导；④升华感受点，引导学生从感性认识到理性认识，从个别到一般又到个别，从抽象到具体的飞跃升华，在知、情、行、意的统一上争取实效。

4. 班级活动情境的创设

　　班级活动情境的创设，可分为两种情况：一是利用自然环境和社会环境，如游览名山大川，参观历史博物馆，祭扫革命烈士墓等；二是创造环境，如搞模拟法庭、晚会现场布置等。但无论是利用或者是创造，都必须精心设计，精心构思，精心组织，精心加工，使之与教育内容相呼应，与教育形式相陪衬，与时间空间相结合。

　　班级活动情境的创设，可使学生在特定的时空，感受到更真切、更形象、更深刻的教育。例如：一位全国优秀班主任，在巡视班级时听到一些学生正在谈论人民公园内男女青年谈情说爱的情况，津津乐道地归纳出七种姿势。这位班主任冷静地思考了好一会儿，一言不发地走开了。第二天，他向全班同学宣布，班级将在星期日举行游园活动，集合地点就在人民公园旁边的市图书馆。到了星期日，同学们都兴致勃勃地来到图书馆门口，唯独不见班主任的身影。同学们左顾右盼，无意地看到了图书馆门口排起的长长的队伍，而且以青年男女居多，都在聚精会神地边看书报边等图书馆开门。这一幕正是班主任精心安排的"无声教育"。半个小时后，班主任老师匆匆赶来，他向同学们道歉后便开始游园。"不知不觉"间来到公园的"英语角"，同学们看见不少男女青年正在用英语对话。当然，这也是班主任有意设计的。接着，班主任把学生带到新华书店，学生们看见的仍然是不少男女青年勤奋学习的情景。所见所闻使学生们看到了当代青年积极进取的"主流"。没有长篇大论的说教，却使学生们深受教育。

第四节　班级活动需要不断创新

　　班级活动是促进学生的身心发展与班级进步的重要手段，然而班级活动中却存在着一些问题：有的目标模糊，针对性不强；有的内容缺乏时代

第一章　班级活动及其组织和管理

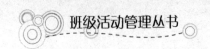

感，令学生厌烦；有的过于集中在德育或文体活动上，而忽视科技教育、网络教育、心理健康教育；有的形式呆板，一味灌输，缺乏趣味性……那么，怎样才能使班级活动不断创新呢？

1. 班级活动的观念创新

班级活动能否创新，关键在于教育者的观念。班主任要树立教育民主观和现代学生观，承认学生的主体价值，建立起民主和谐的师生关系。要认识到学生具有巨大的潜能亟待开发，开展班级活动是开发学生潜能的有效途径；要承认学生是具有主体地位的人，尊重学生的主体人格，激励学生主动参与班级活动。学生参与班级活动是一种认识、实践、感悟的过程。没有学生的主观能动作用，认识、实践、感悟就不可能有效地进行。主体的感知、思维、想象、体验是别人无法代替的，主体认识的内化过程也是其他人无法代替的。因此，在班级活动中，班主任必须调动学生的主观能动性。

班级活动的创新是指由学生和教师一起选择、设计出新颖独特、主题鲜明、教育意义深刻的班级活动，并由师生积极参与、全员合作、培养学生主动性的一种教育方式。班主任应为学生提供创新的氛围、契机和一定的空间，鼓励和引导学生在各项班级活动中思索、探求和创造，从而培养学生的创新精神和实践能力。

在班级活动中，班主任常常扮演组织者和领导者的角色，学生则常常扮演服从者和参与者。久而久之，学生就会缺乏创造热情，机械地或被动地成为听话和服从的"好学生"，这样就把学生的创新意识和创造热情压抑了。如果班主任能够让学生在活动实施前与学生进行平等的讨论，鼓励学生敢想、敢说、敢做，这样形成了一个宽松的氛围。一个民主、自由、和谐的氛围，能够为学生创造力的爆发提供极好的空间。

2. 班级活动的手段创新

如今，大家面对的世界日新月异，教育环境更是今非昔比。在强调课程知识体系创新、学生能力创新的同时，班主任应该在班级活动的内容、方式、途径等方面有所创新。创新是一种智慧，这种智慧需要在日常工作中积淀。一个好的班主任，决不满足于一成不变的教育模式，而是让班级活动搞得有声有色，让学生不断产生惊喜，觉得太阳每天都是新的。

随着时代的发展，科技给我们的生活带来了很多的变化和精彩。班主任应根据这些变化丰富班级活动。比如，对于学生而言，手机、MP3、学习机、电脑、网络、游戏是这个时代赋予他们的一种享受、一种时尚。我们不能将学生与这个社会隔绝，要尊重这种时尚的存在，并利用这种时尚为教育，特别是为班级活动注入新的元素。

几十年的应试教育在教师的心中烙上了烙印，也为学生设计了人才的标准模式，即读书考试。为了在考试中有效地考得分数，就连学生的班级活动也成了应试教育的阵地，把学生的思维固定在考试内容的狭小范围内。这种标准化、重复性、极端枯燥的训练，侵犯了素质教育的领地，实质上扼杀了学生的想象力和创造力。

班主任应该创设有趣而又有意义的班级活动，营造一种宽松的教育氛围，给孩子们一片自由想象的天空和净土，在班级活动中积极地成长。班主任应该充分利用班级活动开发学生的智力，发掘学生的潜能，激发学生的创造意识，使我们的学生成为创新型人才。

很多班主任在设计班级活动时，常常埋怨素材的缺乏与手段的陈旧。其实，班级活动的创新在很多时候仅仅是需要一个新鲜的主意、一个特别的手段，班主任所要做的，就是找到它。

第二章 主题班会的设计与实施

主题班会，是指在班主任指导下，以班为单位，以学生为主体，围绕特定的主题对学生进行教育的一种重要活动，同时也是培养学生能力、增强学生团结协作意识的重要阵地。

一次卓有成效的主题班会会让学生在心灵上受到很大震动，对于陶冶他们的高尚情操、培养他们的组织能力和语言表达能力、推动良好班风的形成，使班级成为一个优秀、文明、集体荣誉感极强的班集体，具有重要的作用。

第一节　主题班会的概念、意义和形式

一、主题班会的概念和特征

班会主要有三种类型：临时性班会、例行班会和主题班会。临时性班会一般因班级突发事件或特别社会时事而开展；例行班会主要解决班级常规工作问题。而主题班会是在班主任指导下，由班委会组织领导，针对班级中某一倾向性问题，全班同学围绕一个主题开展活动而召开的对学生进行集体教育和影响的班级会议。它既是班主任运用班集体对学生进行教育的一种重要形式，又是中小学生进行自我教育的一种有效途径。

组织主题班会的意义

在主题班会活动中，每个学生既是受教育者，也是教育者，一次生动感人的主题班会，将给学生留下美好的回忆，对他们产生长久的深刻影响。

相比其他类型的班会，主题班会具有自己的特征。

1. 思想性

主题班会首先要有主题，即要围绕一个专题或者针对一个问题来设计和组织。主题是班会的灵魂，起着主导作用。主题班会的主题不是泛泛而谈，而是需要具有教育理念和教育意义。因为，其主题的实质是教育思想、理念的体现。

2. 针对性

主题班会的组织要注意有针对性，组织什么样的主题班会，解决什么问题，班主任都要精心地设计。首先要注意针对学生的年龄、年级特点和学生的身心发展需要来开展主题班会，如新生入学时可开展让同学们相互认识、增进了解的主题班会，小学阶段可多开展有关养成良好学习习惯方面的主题班会，初中可开展有关青春期教育、理想教育方面的主题班会。其次要注意根据班级实际存在的问题召开主题班会，如班上出现学生花钱大手大脚、攀比穿戴、请客过生日等现象，可组织"我们应该树立怎样的消费观念"为主题的主题班会。

3. 主体性

班级全体成员是主题班会参与的主体，主题班会是在班主任组织指导下，全体学生共同参与的活动。因此，班主任应注意充分发挥学生的主体作用，引导全班学生积极主动地投入到主题班会活动中，指导学生做好主题班会主题的确定、活动的准备、活动的实施等过程。班主任必须充分尊重和信任学生，善于发挥每个学生的积极性和特长，让学生在活动中有岗位、有职责，当家作主，动手动脑，有相对的自主权和发言权。

4. 教育性

主题班会的组织是为了达到对学生进行某方面的教育，主题班会的目的必须服从于教育目的和班级教育目标，促进学生整体素质和个性全面而充分的发展。在教育内容上要根据中小学德育大纲的要求，突出爱国主义、集体主义教育和理想教育。为了取得良好的教育效果，组织主题班会时应注意内容与形式的统一，寓教于乐，灌输与疏导相结合，引导与操作相结合，使学生从各方面受到教育。因而，班主任要注意主题班会本身应具有的教育性，切忌搞形式走过场。

5. 情境性

主题班会的地点应精心选择、设计、布置，使之生动活泼，具有典型性和艺术性，以增强活动的感染力和教育效果。因此，班主任应根据主题的内涵指导学生选择、设计、布置班会举行的环境，环境突出主题、烘托主题、深化主题，力争以景育人。当然，环境的选择、设计和布置必须考

虑实际情况，切忌舍近求远、铺张浪费。

二、主题班会的意义

从小学到中学，基本每周都有一次班会课，每次一学时，固定安排在课堂中。从小学到高中的 12 年间，每个学生都要接受 400 个学时以上的班会课，可见班会课在中小学教育中的重要地位。而其中，主题班会更是具有不可估量的重要意义。

1. 有利于提高学生的认识能力

主题班会都有一个明确的教育主题，这个教育主题都是为了提高学生的认识水平而确立的。班主任通过主题班会，可以统一、强化、提高学生对某个问题的认识，帮助学生增强思想上的判断能力，增强道德上的善恶识别能力，增强审美上的认识美丑的能力。

2. 有利于学生进行自我教育

主题班会的主题具有明确的教育意向。在全班每个学生围绕主题，联系自身、同学、班级实际以及他所了解的社会历史、现实、未来进行深入的思考，学生之间相互讨论、辩论、交流、表演等，以不同形式表达自己的意见和态度的时候，实际上学生们就在进行着触及灵魂深处的个体的自我教育和集体的自我教育。

另外，主题班会从主题的酝酿到确立，从形式的设计到实施，都是发动学生共同参与的，从而极大地调动了学生主体的能动性，增强了学生自我要求、自我完善、自我进取的愿望，取得自我教育的效果。

3. 有利于班集体的形成和巩固

主题班会可以产生凝聚力，培养学生的集体意识和民主意识，起到形成和巩固班集体的作用。组织得当的班会，可以促使全班学生相互交流，使认识目标趋于一致，这是集体形成和巩固的基础。同时，在主题班会的进行过程中，学生的主人翁意识得以增强，为了集体的荣誉，大家齐心协

第一章 主题班会的设计与实施

力，协调一致，产生巨大的集体凝聚力和向心力，从而更加促进班集体的团结。

4. 有利于学生能力的培养

主题班会是在班主任指导下由学生负责组织和实施的，学生在整个主题班会过程中"唱主角"，使主题班会为学生培养多种能力提供了机会。主题班会是学生展示自己的绝好舞台，班主任可以通过帮助学生组织主题班会，培养学生自己处理班级问题、制定解决措施的能力。学生自己确立主题并由此引发思考，独立设计、组织、实施班会活动，整个过程都有助于学生的思维能力、语言表达能力、组织能力、活动能力、创造能力和解决问题能力的锻炼和提高。

5. 有利于班主任专业能力的发展和提升

主题班会是班主任组织管理班级和控制班级教育活动的有效手段，是班主任协调班级人际关系和培养学生的民主参与及自我教育意识的重要载体，是班主任展现个人智慧才华和人格魅力的舞台，因此也是促进班主任专业能力发展和专业成长的阶梯。

三、主题班会的形式

主题班会可以多种形式开展，班主任应该根据主题班会的类型选择不同的开展形式。一般来说，主题班会有如下形式。

1. 讲演

在全体同学充分准备的基础上，经小组预赛，选出优秀者参加班级讲演比赛。如"我喜欢的格言"、"生命的意义"、"金色的年华"等。

2. 座谈、讨论、辩论

班主任选择一些学生普遍关注或较为敏感的话题，让大家各抒己见，以统一认识。如："新时代要不要雷锋精神"、"是早恋还是友情"等等。

3. 报告会

请先进人物介绍模范事迹或请有关人士进行专题报告，对学生进行某种思想教育。

4. 竞赛

包括智力竞赛、书法竞赛、绘画比赛、语文和英语朗读比赛等。竞赛大多属于知识或技能比赛，要求班主任做好物质和思想上的准备，以确保科学性和公正性。

5. 参观、访问、瞻仰

如参观工厂、机关、学校、展览，访问先进人物，瞻仰烈士陵园等。通过此种形式的主题班会，对学生进行爱国主义和革命英雄主义教育。

第二节 组织主题班会的要求与步骤

成功的主题班会，取决于班主任精心的策划和严密的组织。当然在组织主题班会之前要明确其要求。

一、组织主题班会的要求

1. 内容要有教育意义，主题要鲜明

一次主题班会只能有一个集中的主题，只能达到某个具体的目标。主题班会的"主题"，好比一支曲子的基调，是用来定音的，因而选好主题是主题班会成功的前提和关键。主题的确定要从实际出发，既要有助于班集体的形成与发展以及每个班级成员的发展与进步，又必须是班内大多数

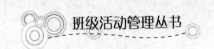

学生共同关心和感兴趣的话题，能激发学生的兴奋点，具有思想性、知识性和趣味性，并有一定的深度，富有哲理。题目的表述要明确、简洁、醒目，富有吸引力，并能成为班集体中某个阶段的行动口号。为此，班主任必须注重调查研究，了解学生的心理倾向，有目的、有针对性地组织主题班会。

2. 要联系实际，针对性强

主题班会主要是根据学生的身心发展特点、思想发展水平，结合学校、家庭和社会生活实际，针对学生在思想、道德、学习、生活等方面的现状或出现的问题，广泛选取题材，进行筛选、提炼、设计、组织，及时对学生进行教育。主题班会如果没有针对性就会流于形式，所以班主任必须注重其针对性，随时把握学生的思想脉搏，弄清学生中普遍存在的思想问题，及时组织主题班会。

主题班会的针对性还表现在要根据学生的年龄特点来确定内容。如针对初中一二年级学生的年龄特点，开展"迈好青春第一步"的主题教育，组织一系列围绕这一主题的班会。针对高一年级新生，组织"崭新的生活，激烈的竞争——谈高中生活打算"畅谈会，以组织班委会为契机，设计"假如我是班长"的演讲会，等等。

3. 形式要新颖，环境要育人

好的主题班会必须有好的表现。班主任一旦确定了班会主题以后，可采取灵活多样、新颖活泼的班会形式，如演讲、报告、竞赛、座谈、辩论、参观、访问、春游、诗歌朗诵、相声、小品表演、歌舞节目等。选择标准有两条：一是有利于表现主题，突出主题；二是有利于更多的学生去参与，发挥学生的积极性，增长学生的才干。

为了使班会主题给活动者一个鲜明、深刻的"第一印象"，引起情感上的共鸣，增强活动效果，班主任还必须注意班会环境的布置。

比如，如果在教室举行主题班会，那么黑板上的字能起画龙点睛的作用，很好地展示主题。可根据主题类别是庄严肃穆还是轻松活泼，选用不同的字体、色彩和花边图案来装饰黑板，表现主题。座位一般要根据班会内容和活动方式的不同，排列成半圆形、椭圆形或扇形，以免气氛显得拘谨。

至于墙壁，则可张挂图片，或张贴名言警句，或展示学生的书法、美术、手工、摄影作品，但应本着服务主题、渲染气氛的宗旨，宜精勿滥。例如，设计一个以环境美为主题的班会，黑板上用暖色调为主的色彩和活泼流畅的字体，展示出班会主题："让我们的空间更美丽"。讲台边沿摆放着几盆含苞欲放的鲜花。教室的两侧墙上，张贴着学生亲手创作的图画书法作品。教室后墙的黑板上有一期特刊，其中有"二十组美与丑的对照"的漫画。座位呈椭圆形排列。如此布置，为班会的主题起到了很好的烘托作用。

4. 要全班动员，分工合作

全班学生参与班级活动的积极性和主动性是保证实现主题班会教育目标的重要前提条件，其要求应贯穿于整个活动的各个环节之中。为此，班主任要明确地提出具有强烈时代性和针对性的主题，分析活动的价值，设置富有感染力的教育情境，选用新颖有趣的活动形式，引导学生积极主动地参与活动。在活动中充分相信学生，放手发动学生，给每一个学生以动脑、动口、动手的锻炼机会，利用其特长各司其职，分工合作。特别是对于后进生、班集体观念淡薄的学生和具有特殊才能的学生，尤其要给予特别关注。主题班会是以学生为主体的教育活动，班主任应最大限度地调动全体学生的积极性，要彻底消灭"死角"，不让一个"看客"和"局外人"出现。

5. 在组织上要严密、有序

班主任在组织主题班会时，应注意活动的设计、动员、准备、实施、总结的全过程丝丝入扣，环环相连。特别是在活动中，要适时指导和引导学生紧紧围绕主题展开。若以文艺形式表现主题，可用诗歌或串词把一个个节目连贯组合起来，使主题集中鲜明，结构紧凑有条理。主持人的讲话或串词，要紧扣题目，内容充实，感情丰富，富有感染力和鼓动性。

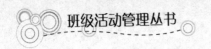

6. 及时总结，巩固成果

主题班会将要结束时，主持人一般会邀请班主任作小结。小结应中心突出，肯定成绩，总结经验，指出不足，言简意赅，具有启发性和鼓舞性，给活动成员留下鲜明而深刻的印象。会后，班主任除及时检查教育效果之外，还可要求学生将本次主题班会写成日记或作文，组织相应的社会实践活动，使学生的思想收获得以巩固和提高。

二、组织主题班会的具体步骤

（一）确定班会的主题

主题班会的主题是教育活动的核心，主题的设计乃至最后的确定，通常是由教育目的所决定的。

1. 根据教育计划的实施确定

每个班级，按照其年级与学生年龄的不同、教育目的和教育内容的不同，班主任在制订班级集体的教育计划时，总有一部分带有规律性的教育内容。比如：初一年级，对学生进行新集体形成的教育，要求每个同学融入新的班集体，并为新集体作出贡献的教育；初二年级，正值学生迈入青春期，学习科目开始增多，学习任务日益加重，班主任也要相应设计青春期的身心指导和学习方法的指导活动；初三年级，每个学生又面临一次人生旅途的转折，班主任也要设计毕业及升学指导的教育活动，等等。

2. 配合节日活动的开展确定

一年365天，大大小小的节日非常多，班主任可以有选择的在重大节日用主题班会的形式组织学生欢度这些佳节，既丰富学生的课余生活，又渗透教育内容，会给学生留下青少年时代的美好记忆。这类主题班会以欢度佳节、营造节日气氛、穿插文史常识为主要内容，是对繁重枯燥的学习生活的一种调节和补充。可以相应地设计这样一些主题："星空中只有一个地球"、"雷锋就在我们身边"、"当我唱起国歌时"、"感谢您！我们的

班级活动的设计与实施

园丁"、"团圆",等等。

3. 针对班集体的特点确定

任何一个班集体,在它的形成以及发展过程中,总会产生各种各样的问题。班主任可以以这些问题为契机,使班集体得到锻炼和考验,朝着更为健康的方向发展。比如班集体伙伴之间的争吵、反目是常有的事。原先非常友好的一对同桌,为了一丁点儿琐事,互不理睬了;课余时间,原先大伙儿聚在一起说说笑笑,蓦地,某个人出言不逊,玩笑开过了头,结成了冤家;两个男同学,为了争论一道几何证明题,处理不当,也会成为死对头……类似情形愈积愈多,班级气氛也就愈来愈冷。在这种情况下,举行一个"友谊,集体的动力"主题班会就很有必要。

(二) 准备阶段

1. 制订活动方案

班会主题确定以后,班主任应该召集班委会制订班会活动方案,以保证主题班会的顺利进行。主题班会的活动方案应该包括:主题班会的目的、时间、场地、实施过程、注意事项、主持人、责任分工,等等。

2. 分工落实任务

班会活动方案制订以后,班主任应该指导班委会按照责任分工情况落实每个人的任务,在主题班会举行之前,检查各项任务的完成情况,以保证主题班会的顺利进行。如检查主持人主持词的准备情况,检查主题班会所需音响、彩带、服装等器材准备情况,询问邀请家长、任课老师参加主题班会的通知情况等等。

3. 精心布置场地

为了保证主题班会达到良好的教育效果,充分发挥情境教育的作用,班主任应该指导班委会精心布置主题班会活动场地。

第二章 主题班会的设计与实施

（三）组织实施

1. 安排学生就位

主题班会开始前要安排学生到场，学生或坐、或立要有明确的规定，活动场所在室内与在室外学生的编排要有所不同。如果在室内，座位的安排要有利于学生的疏散，万一有紧急情况，学生能够很快地撤离；如果活动场所在室外，要注意场地的安全，避免学生位于危墙、交通要道等危险场所。

2. 活动的进行与调控

班主任指导班委会按照主题班会活动计划规定的程序进行活动的实施，主持人、活动者、班委会、班主任在主题班会进行过程中要注意加强沟通，班主任和班委会要注意根据实际情况对主题班会的进程进行调控，保证主题班会的正常进行。

3. 场地的最后整理

主题班会结束后，班主任要指导班委会把活动场地恢复原状，以保证其他教学工作的顺利进行。

（四）总结巩固

1. 资料整理归档

主题班会结束后，班主任要协助班委会和其他参加者对活动中的资料进行收集、整理、归档。这些材料包括：主题班会活动计划、主持词、现场实录（录像、录音、照片、文字资料）、实物资料（学生制作的手工、卡片、可保存的教室装饰等）、个人小结、活动总结等。

2. 活动经验总结

主题班会结束后，班主任应该尽快召集班委会对活动进行总结，将主题班会的活动方案与实际实施情况进行对比分析，看看是否达到了预期目的。达到了预期目的，要分析活动的长处，总结活动中做得比较好的地

方，注意在以后的活动中发扬光大；未达到目的，要弄清是方案的不足，还是组织者的失误、实际因素的干扰等等，注意在以后活动中避免。

3. 活动效果巩固

主题班会结束以后，班主任要注意巩固活动的效果，以达到对全班学生稳定而长期的教育。

第三节　丰富多彩的主题班会类型

主题班会的种类多种多样：既可以紧密配合当前形势和任务拟定主题，又可以根据学校统一的教育要求和班级实际情况拟定主题，还可以针对班级学生中有倾向性的思想问题拟定主题。具体来说，主要有以下几种类型。

一、教育类主题班会

班主任可以根据班级学生中普遍存在的某一倾向性问题，如不关心集体，人际关系淡漠，不愿意学习某一学科，不会抓紧时间学习等，召开主题班会。在重大节日、纪念日或重大事件发生时，对学生进行宣传教育，如"五一"劳动节对学生进行以热爱劳动为主题的劳动教育；"七一"建党节进行以热爱中国共产党为主题的革命传统教育；教师节到来时，进行以尊师重教为主题的思想教育；等等。

教育类主题班会针对性强，教育性强，对主题班会要求较高。一般说来安排不宜过多，一学期以一至二次为宜。

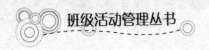

【案例】

珍爱生命，远离毒品

一、活动目的

1. 让学生了解常见毒品的种类，了解制定《禁毒法》的重要性。

2. 懂得毒品为什么会有成瘾性和毒品对人体的危害。

3. 懂得如何学会自我保护，抵制毒品的诱惑，做一个《禁毒法》坚决的拥护者。

二、活动准备

1. 活动两周前，让学生查阅相关资料，了解毒品常识。

2. 选定主持人，准备好发言稿。

3. 教室黑板上书写"珍爱生命，远离毒品"的美术字，并画几幅宣传禁毒的漫画。

4. 准备相关图片、纸张，等等。

三、活动过程

（主持人宣讲）

1. 了解制定《禁毒法》的重要性。

禁毒是我国政府的一贯立场和方针，从解放初期的禁毒运动到新时期的禁毒斗争，已经形成了一整套行之有效的政策、措施和工作模式，需要以法律的形式固定下来，制定一部综合性的《禁毒法》是开展禁毒斗争的迫切需要，是应对严峻的毒品违法犯罪形势的需要，是进一步完善我国预防和惩治毒品违法犯罪法律体系的需要，是履行国际禁毒公约的需要。同时也为青少年防毒拒毒提供了有力的法律保证。

2. 了解什么是毒品

毒品是指是指鸦片、海洛因、甲基苯丙胺（冰毒）、吗啡、大麻、可卡因，以及国家规定管制的其他能够使人形成瘾癖的麻醉药品和精神药品。

3. 向学生阐述毒品的危害性。（学生自己讨论，老师归纳小结。）

①吸毒对身心的危害。

吸毒对身体的毒性作用：毒性作用是指用药剂量过大或用药时间过长引起的对身体的一种有害作用，通常伴有机体的功能失调和组织病理变化。中毒主要特征有：嗜睡、感觉迟钝、失调、幻觉、妄想、定向障碍等。

戒断反应：是长期吸毒造成的一种严重和具有潜在致命危险的身心损害，通常在突然终止用药或减少用药剂量后发生。许多吸毒者在没有经济来源购毒、吸毒的情况下，或死于严重的身体戒断反应引起的各种并发症，或由于痛苦难忍而自杀身亡。戒断反应也是吸毒者戒断难的重要原因。

精神障碍与变态：吸毒所致最突出的精神障碍是幻觉和思维障碍。他们的行为特点围绕毒品转，甚至为吸毒而丧失人性。

感染性疾病：静脉注射毒品给滥用者带来感染性合并症，最常见的有化脓性感染和乙型肝炎，及令人担忧的艾滋病问题。此外，还损害神经系统、免疫系统，易感染各种疾病。

②吸毒对社会的危害。

对家庭的危害：家庭中一旦出现了吸毒者，家便不成其为家了。吸毒者在自我毁灭的同时，也破坏自己的家庭，使家庭陷入经济破产、亲属离散，甚至家破人亡的困难境地。

对社会生产力的巨大破坏：吸毒首先导致身体疾病，影响生产，其次是造成社会财富的巨大损失和浪费，同时毒品活动还造成环境恶化，缩小了人类的生存空间。

毒品活动扰乱社会治安：毒品活动加剧诱发了各种违法犯罪活动，扰乱了社会治安，给社会安定带来巨大威胁。

4. 毒品的成瘾性（老师介绍两篇案例）

案例①：模仿恶习步入"毒"途

15岁的阿兵（化名，下同）是市强制戒毒所里年龄最小的一个，别看他个子矮小，但双眼却滴溜溜转个不停，一眼就可看出是个"老江湖"。阿兵是澄海外砂人，因年幼其母病亡，其父忙于生计无暇照管他，自7岁起，阿兵模仿大人们抽烟，并以之为荣。他说，每天放学后燃起一根香烟吞云吐雾，走在同学们中间感觉特有面子。14岁那年，勉勉强强读至初一的阿兵干脆辍学了，终日跟在乡里几位"大哥"身前身后当起了小兄弟。去年初，他结识了乡里一做餐饮生意的"大哥"，几番来往后，阿兵很得大哥喜欢。慢慢地，阿兵也发现了大哥原来是"白药仔"，但他也不以之为忤，相反还认为这是"酷"的表现。去年中，趁大哥不在家，小兵偷了一点"白粉"终于"开禁"尝了新，并从此成了一名"小道友"。吸上白药后，因无钱买药，小兵便在一"道友""教授"下当起了"鱼虾蟹"庄家，以赌钱为营生。据称，那些"鱼虾蟹"的骰子都是用磁铁做了手脚，因此聚赌时基本都是赢钱，有时一天纯收入达三四百元。小兵称其每天下午常在陈厝合、辛厝寮一带"开局"，赚了"工资"后便买"药"过瘾。今年2月19日，小兵被警方抓获，在审讯时因药瘾发作口吐白沫，结果被送强制戒毒。

案例②："魔鬼的疯狂"

他姓陈，25岁，中学毕业的第二年、也就是20岁时开始吸海洛因。他很聪明，曾经雇人开采过一个锌矿，每月的毛利都在6000元以上。但自从吸上毒品，赚的钱都花光了，就想到了诈骗。他到一个农资公司，偷了一张空白发票，诈骗了两万多元公款。被发现后便携款外逃。他自知逃不过法律的天罗地网，就买了1万多元的海洛因和一支手枪、60发子弹，想吸毒"舒服个够"以后，开枪自杀。他想在做这些事情以前，回家去看一下自己的父母，算是尽他最后一点孝心。他拦住一辆出租车，上了车，朝他的家乡方向驶去。但刚刚上车，他的毒瘾发作了。他翻找毒品，才想起把毒品放在了旅馆里，没带出来。他忽然浑身瘫软无力，神思恍惚，心情烦躁，感到周围的一切都使他讨厌。（从事戒毒工作的医生曾告诉我们，吸毒成瘾者，一旦瘾发，就会失去理智，变成十足的疯子。这一点，不吸毒的正常人是无法理解的。此时，这个姓陈的瘾君子就处于这种情形中。）他毫无人性地先把枪对准司机的朋友，开了一枪，又把枪对准了司机，司机开门冲了出去，枪声在他的身后响了。毒瘾不断地袭来。陈某自己爬进驾驶室，慌乱中把车开进了路边的水沟里。他开始持抢劫车，先后开枪打死一人、打伤三人，劫持了六辆汽车，最后，像一条疯狗一样，开着他最

后劫下的一辆出租车，以疯狂的速度，冲向市区。惨剧再一次发生了。汽车撞翻了两辆摩托车和三辆自行车后，冲向了一个路边修车点，将一个15岁的少年撞出几米开外，最后，出租车醉汉般地喘着粗气，一头撞在路边的铁护栏上。在公安干警面前，这个瘾君子似乎清醒了。

5. 学生反思。

6. 让学生懂得防毒拒毒的办法。

7. 学生畅谈禁毒的必要性，代表发言。

二、生活指导类主题班会

针对学生中普遍存在的"过生日"风、青少年的"早恋"、追求名牌、追星等问题，召开主题班会。通过主题班会，帮助学生树立正确的观念，把学生的思想引入到健康的轨道。

【案例】

青苹果不要摘

——远离早恋

一、班会目的

中学生已进入人生的青少年阶段，情感开始萌发，对爱恋有一种朦胧的感觉，但是中学阶段是人生的黄金时代，是学习的大好阶段，如果我们的学生不能正确的认识到两者间的关系，终将酿成苦果。本次活动的目的如下：

1. 使学生充分认识到早恋的危害性，树立正确的恋爱观。

2. 正确对待家庭、恋爱和事业之间的关系，排除干扰，加倍努力学习。

二、班会准备

1. 召开全班学生会议，要求学生查阅有关青春期的生理、心理发展特征，以及如何保持个人心理健康的资料。

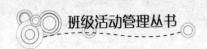

2. 对学生进行有关青春期心理发展特征及正确对待恋爱问题的讲座。

3. 以小组为单位，讨论：

(1) 在中学为什么要禁止谈情说爱？

(2) 早恋一定会尝到苦果吗？为什么？

三、班会程序

男主持：同学们，我们正处在青春期发育的高峰阶段，由于身心的迅速发展，一些同学出现了早恋的现象，如个别约会、递纸条等。这一现象如不加以正确引导，将会极大地影响我们的学习和生活。为了杜绝早恋现象的发生，特举行本次班会，现在请大家就早恋的表现及危害问题自由发言。(学生自由发言。)

女主持：早恋的表现及危害，同学们已谈了许多，现在请甲同学小结。

甲同学：随着改革开放和经济的发展，目前中学生的早恋现象呈上升趋势，据调查，中学生早恋有如下特点：

1. 年龄下降，年级超前。据统计，早恋人数约占学生人数的 10% 左右，其分布态势约为初一占 25%，初二占 40%，初三占 35%。

2. 一触即发，发展迅速。从双方开始接触到确实恋爱关系，一般不超过两星期，其中时间最短者，只是一起看过一场电影。

早恋的危害有如下几个方面：

1. 分散精力，影响学习，不利于青少年的成长，如某校一位 16 岁的女生，刚进该校时，成绩优异，由于与同班的一位男同学产生了爱慕之情，并很快谈上了恋爱，上课走神，下课思念，放学约会，结果不到一学期，学习成绩急剧下降，最后竟没有升入高中。

2. 走上犯罪道路的开端。某校学生李某，16 岁，学习成绩优异，被学校列为保送重点高中的"尖子"。可是他偶尔看了张黄色小报，结果一夜辗转反侧。第二天他就盯上了同班的一位女同学，并很快与她谈上了恋爱，后来逐步走上了犯罪道路。

3. 家庭纠纷的祸根。早恋往往不能取得双方家庭的同意，即使成功也难获得家庭和睦。

男主持人：关于早恋的表现及危害，我们感谢甲同学的小结。可能有的同学却把早恋说成缘分。下面请同学们就缘分问题自由发言。

（学生自由发言）

女主持人：有关缘分问题大家已谈了许多，现在请乙同学小结。

乙同学：缘分，大意是人与人之间的关系是命中注定的，泛指人与人或人与事物之间发生联系的可能性。一个人的婚姻的选择是由若干因素组成的，如对象的相貌、体型、身高、健康、道德、个性、爱好、文化程度、职业、家庭的经济状况、居住地点、社会地位等。如双方的追求符合设计的模型，那才能有结合的可能，也可说有缘分，否则不可能。学生早恋，往往考虑不到这些，仅从某一方面或某几方面着眼，所以，到后来不成功的，只能尝到苦果。

男主持人：由于只有五分钟了，下面请班主任老师总结。

班主任：同学们，人生对每个人来说都很宝贵，人生的黄金时代更要珍惜。这段时光犹如明媚的春天，如何播下理想，洒下汗水，将来就会有收获；如你沉溺于幻想，并将未成熟的青苹果早早摘下品尝，将来只能是一场空悲伤。因你的阅历太浅，易把出于生理或情绪的一时冲动当作爱情来理解。感情不稳定，何来永恒？事业尚未稳定何来成就？经济尚未独立，何来保障？责任不能承担，何来爱情？建立在沙丘上的高楼大厦，是永远不会牢固的。如他对你有真意，最好的办法就是告诉他，果子早晚会吃到的，等它熟透了再吃不好吗？

三、审美娱乐类主题班会

为了培养学生正确的审美观念，也为了丰富学生的文化生活，班主任可以结合学校开设的美术课、劳动课和音乐课，召开以展示自己的作品（如小制作、绘画、歌曲、诗歌等）为内容的主题班会。教育学生热爱生活、创造生活，更好地感受生活。

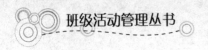

【案例】

众人拾柴火焰高

——团结合作的主题班会

一、活动设想

合作是非常重要的，现代社会离不开团结合作。愿意团结合作，学会团结合作，掌握团结合作的方式，才能取得成功。

二、活动目的

1. 通过活动进一步了解什么是团结合作，了解团结合作的重要性和必要性，并愿意在学习、生活中与他人团结合作。

2. 在活动中体验团结合作带来的快乐情感，培养团结合作的精神，提高团结合作的意识和能力。

三、活动准备

1. 做各种动物头饰；

2. 收集有关格言、故事；

3. 排练小品剧、歌表演；

四、活动过程

1. 游动物王国，深思

主持人：同学们，美丽的小天鹅邀请我到动物王国去参观游览，你们愿意跟我一起去吗？

好，我们现在就乘上时空列车出发吧！

（音乐《火车开》）

主持人：看，前面飞来了一群大雁，它们一会儿排成一字，一会儿排成人字，真整齐！我们上前和它们认识认识吧！

大雁：（边飞边念）秋风起，雁南飞，队伍排得真整齐，前面一只领头雁，后面跟着好兄弟，千里万里不怕远，大风大雨不分离。

主持人：大雁，你们好！请问，你们为什么要成群结队地飞翔？

大雁：同学们，你们好！每年秋天，我们都要飞到遥远的南方来过冬。我们白天飞翔要消耗体力，晚上休息时还得提防猎人的枪，只凭一只

大雁的能力是做不到的。所以我们团结起来，飞行时互相帮助，晚上轮流站岗放哨，这样，我们就能顺利飞到南方了！

主持人：大雁真会团结合作啊，我们继续前进吧！

蚂蚁：（边找边念）找呀找呀找青虫，找到一只大青虫，伙伴们呀齐上前，扛回家去好过年！找呀找呀找青虫……

（发现大青虫）哇，好大一只大青虫呀，太棒了！赶快去叫伙伴们来吧！

（边回边喊）伙伴们，我找到了一只大青虫，大家快跟我去搬吧！

（众蚂蚁齐心协力搬大青虫，休息）

主持人：大家看，前面有一群小蚂蚁正在扛大青虫呢！我们去看看。蚂蚁，你们好！请问你们个子这么小，怎么能搬得动这只大青虫呢？

蚂蚁：同学们，你们好！我们蚂蚁的个子的确很小，力气也很小，这只大青虫的体重是我们体重的 100 多倍，单靠一只蚂蚁的力量是不可能把它搬回去的。但是我们一大群蚂蚁团结起来，力量就很大了，就能把大青虫扛回家去！

主持人：蚂蚁真是团结合作的好榜样！我们继续前进吧！

犀牛：（边吃边念）辽阔的草原真漂亮，碧绿的青草脆又香，清澈的小河在流淌，可爱的伙伴在身旁，悠闲的日子过不完！

（狮子窜出）狮子来啦！

（犀牛迅速围成一圈，背靠背，以头抵狮子）

狮子：本想美美地吃上一顿犀牛排犀牛肉，没想到它们这么团结，唉，只好回去了！

（犀牛欢呼）

主持人：犀牛，你们好！刚才真是好险哪！没想到你们个子这么大，也会碰到危险。

犀牛：是啊，狮子总想吃掉我们，不过我们有这么多好伙伴在一起，牢牢团结起来，狮子就休想占到便宜！

主持人：团结的作用可真大！是的，这次到动物王国，我们遇到了许多动物，看到了许多事情，也懂得了很多道理。下次我们一定再到动物王国来，时间不早了，我们该回去了。再见！

第二章 主题班会的设计与实施

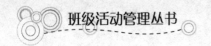

主持人：刚才我们一起参观了动物王国，大家有什么收获吗？

（学生谈感想）

2. 古为今用，明理

主持人：是的，小动物们小到蚂蚁，大到犀牛都懂得团结在一起，战胜所有的困难，可见团结合作非常重要，我们的祖先早就明白这个道理了，给我们留下了许多意味深长的故事。文超同学就看到过这样一个跟团结合作有关的故事，我们请他给我们说说吧。

学生甲：大家好！我要讲的故事题目叫《一箭易折》，说的是很早很早以前……（内容略）同学们，为什么一支箭那么容易被折断，而把它们捆在一起，却谁也无法折断呢？这就是团结的力量！让我们也团结起来，成为一个优秀的班集体！

主持人：古人不仅给我们留下许多动人的故事，也给我们留下许多含意深刻的格言，谁愿意把自己收集到的说给大家听？

（学生交流收集到的格言）

学生乙：大家听说过《三个和尚》的故事吗？

接下来三位同学愿意为大家表演这个小品，等会儿请大家说说自己的看法。

（小品《三个和尚》）

学生乙：三个可怜的和尚渴得晕倒了，为什么一个和尚能喝到水，三个和尚却喝不到水了呢？

学生：因为他们不团结，自私自利！

学生乙：大家能劝劝他们吗？

（众人劝导和尚）

学生乙：三个和尚听了队员们的话很羞愧，请看他们现在是怎么做的？

（续演小品：和尚分工合作，终于喝上水了）。

3. 联系实际，导行

主持人：三个同学的小品生动地告诉我们，不团结合作不仅害苦了别人，也害苦了自己，在我们现实生活中有哪些事情也需要团结合作才能完成呢？

（学生举例，如划船，卫生值日，出黑板报，排球比赛，抗击非典，神舟 5 号的成功发射，游戏等）

学生乙：今年春天，我们国家不是发生了非典吗？如果不是全国人民上下一心，众志成城，怎么能那么快就制止了非典的传播流行？

学生丙：小活动需要合作，大事情更需要合作！我举个例子，今年的 10 月 15 日，我国的"神舟 5 号"载人航天飞船发射成功，这样的伟大壮举单靠几个科学家、航天员行吗？肯定做不到！在成功的背后有成千上百个科研人员在默默奋斗着，"神舟 5 号"的成功发射是他们智慧的结晶，更是他们齐心协力、分工合作的成果！

学生丁：游戏也离不开团结合作！

主持人：游戏也要团结合作？

学生丁：对，我准备好了游戏材料，我们现在就来试一试。

（做游戏）

主持人：连游戏也要团结合作，可见团结合作是无处不在的。有句话说得好：一滴水只有放进大海才永远不会干涸，一个人只有把自己和集体融合在一起才最有力量！我们的班集体好比一艘大船，只有全体同学紧密团结，密切合作，才能开动这艘大船，驶向成功的彼岸！让我们一起唱起我们熟悉的《众人开桨划大船》，感受团结合作的力量吧！舞蹈小组，上！

（歌表演《众人开桨划大船》）

主持人：在活动即将结束之际，请我们的班主任老师讲话！

老师：同学们，这次班会开得既生动活泼，又富有教育意义，老师由衷地感到：你们长大了！你们又有进步了！我为你们的表现感到骄傲！大家已经深深地体会到团结合作的重要性了，老师相信在今后的学习、生活中，同学们一定能够真正学会与人合作，团结进步，把班级建设得更优秀！老师想和大家一起努力，好吗？

主持人：此次主题班会到此结束。

四、综合类主题班会

综合类主题班会，是集知识、教育、审美、娱乐于一体的综合性的主

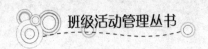

题班会。这类主题班会内容丰富，题材广泛，形式多样，学生可以根据自己的特有才能、兴趣和爱好，以自己喜欢的方式参与活动。

【案例】

放飞理想

一、活动目的及意义：

培养同学们自我教育的能力，帮助同学们树立远大的理想，进一步端正学习态度，激发他们以更新更高的标准要求自己。

二、活动准备

1. 组织学生围绕这次班会的主题搜集本班同学对于梦想和理想的看法，作总结。

2. 确定男女各一名主持人以及表演的同学。

3. 学唱《梦想成真》和《真心英雄》等歌曲。

4. 选定同学作班会发言准备及班主任作好相关发言准备。

5. 选定散文诗《放飞你的梦想》。

6. 各自准备一张小卡片。

7. 要求学生会后每人写一篇以"三年后的我"为主题的作文。

三、班会程序：

1. 主持人致辞，激活班会气氛。

2. 学生畅谈自己儿时的梦想。

3. 演唱《最初的梦想》。

4. 配乐诗朗诵《放飞你的梦想》。

5. 班主任讲话：每个同学都有自己的理想，但要把理想变成现实，需要辛勤的劳动、努力的学习。

6. 请每位同学为自己设计一张自己未来的名片。

7. 齐唱《真心英雄》结束班会。

第三章 学习类班级活动的设计与实施

      对每位学生来说，课程学习是其在学校主要的任务；而对班主任来说，在关注学生学习成绩的同时，通过班级活动引导学生形成良好的学习习惯，培养良好的学习品质，掌握恰当的学习方法，并让班级成员在共同学习的过程中学会合作与交流，获得全面的发展，是班集体建设重要的工作之一。

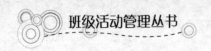

第一节　学习类班级活动概述

学习类班级活动要求学生在教师指导下，从自己的学习生活和社会生活中选择研究专题，采取类似于科学研究的方式，主动地获取并应用知识，以解决问题。学习类班级活动强调开放性和探究性，它的课程内容不再是由专家预先规划设定地特定的知识体系，而是一个师生共同探索新知识的过程。通过活动课和学科教学，组织、指导开展探究性学习，激发学生发现问题，提出问题，研究问题，解决问题的动机，让学生掌握学习策略，懂得学什么、何时学、何处学、为什么学和怎样学的问题，已经成为时代赋予我们的崭新课题。

人类有所发现、有所发明、有所创造的潜能，绝不是课堂上讲出来的。教师创设开放的问题情景，引导学生进入主动探求知识的过程，使学生围绕某类主题调查搜索、加工、处理应用相关信息，回答或解决现实问题，这样的教育和训练已变得越来越重要。我国一些地方的学校，正在积极开展各种综合性、社会性、实践性的新型课程实验，这些各种各样的小课题研究性学习，显示了学校教学改革的生机与活力。

事实证明，结合实践活动开展学习，将大大拓展学生学习的空间，为发现和开发学生多方面的潜能，提供更多的可能性。随着学习方式的改变，可以使学生有可能更多地关注社会，融入社会，深入认识学习的价值，发展学以致用，注重解决实际问题的意识，形成积极进取的人生态度。

在学习类活动中，学生获取知识的渠道比以往大大拓宽，相比之下，教师由于多方面的原因，反而可能会显示出一定的差距。我们对学生探求的奇异现象可能所知太少，我们所能做到的，最重要的就是"请别伤害他们"。

开展研究性、创造性学习活动，关键是保护和发展学生思考能力，要求学生敢于除旧布新，敢于用多种思维方式探讨，同时提高自身的素质，实现自己的专业化成长。对学生研究性学习的评价要重方法与过程，重角落与合作，重体验与应用，重全员参与。

一、学习类活动的特点

1. 目标的多维性

这类活动的目的除了提高学生某方面的知识和能力之外，更重要的是，活动组织者还要努力达到让学生在活动过程中培养探究意识，提高学习能力，端正学习态度，养成良好习惯，提高科学素养等教育目标。

2. 内容的知识性

这类活动总是围绕着某种知识、能力、方法展开的，如知识竞赛活动围绕相关知识比较学生的掌握程度，团队兴趣小组活动需要学生的相关学科知识和动脑动手能力，学习方法交流与各学科知识紧密相关。

3. 方法的趣味性

这类活动的方法丰富多彩，形式不拘一格，与课堂教学最大的区别在于此类的活动与设计强调方法的生活化与趣味性，目的在于提高全体学生主动参与的自觉性和积极性，所采用的方法一定是为学生喜闻乐见的。

4. 评价的自然性

此类活动的评价多倾向于实践过程中的随机评价，以口头评价为主。多采用表扬、鼓励的评价方法，以激发儿童大胆表现和创造的欲望。

二、学习类活动的目标

在研究性学习活动过程中，同学们如何判别自己和别人的学习成效，如何逐步深入理解开设研究性学习课程的必要性和重要性，从而更加自觉

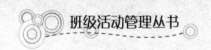

地参与研究性学习，提高研究性学习水平呢？

学习类活动的目标与一般的学科教学目标不相同。它更强调学生对所学知识技能的实际运用而不仅是一般的理解和掌握；它更强调学生亲身的实践和体验，而不仅是通过课本和老师获取间接的知识。在知识技能的运用中，在亲身实践中，学习类活动使同学们的思想意识、情感意志、精神境界等各方面得到升华。

1. 获得亲身参与研究探索的体验

亲身参与是学习类活动的第一要义。只有参与进去，才能体验出解决任何一个实际问题的不易，才能感受到书本上每一项知识的来之不易，才能体会克服困难、顽强进取的酸甜苦辣，才能品尝获得成功的无比喜悦。

2. 提高发现问题和解决问题的能力

在开放的环境中发现并提出问题是学习活动的关键。提不出问题，就无从谈及设计解决问题的方案，也无从知道围绕什么主题收集分析资料信息，更无从着手总结提炼研究的成果。俗话说："人生识字糊涂始"，讲的就是越是有学问、有思想、有能力的人，越善于发现问题，提出问题的道理。在中外科学史上，流传着不少由于在司空见惯的现象中发现别人不曾注意的细节、追问别人不曾怀疑的问题而引发有价值的科学发明的故事。正因为如此，学习类班级活动要求同学们在发现问题的过程中激活各科学习中的知识储存，在解决问题的过程中提高自己的综合实践能力。

3. 培养收集、分析和利用信息的能力

收集、分析和利用信息是贯穿于整个学习类活动全过程的主线。学习活动最终的结论和成果不是凭空得出的，它需要加工的原料，学习活动的原料就是各种信息。从这个角度来分析学习类活动可以有三个层次划分：第一层次是能够熟练运用各种方法工具获取所需要的信息；第二个层次是能够通过复杂的思维活动来分析处理信息；第三个层次是运用高超的智慧综合的能力重新组织信息，从而获得解决问题的新意和创意。三个层次合在一起就是研究性学习要求同学们逐步形成的信息素养。

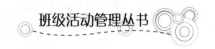

4. 学会分享与合作

学会与人交往合作，学会与人共同承担责任、共同分享快乐和成果是完成学习任务的基本保证。即使在活动中选择的课题是采取独立研究的方式，同样离不开与人打交道，离不开别人的支持与帮助。合作交流的意识和能力是现代人必备的素质。学习类活动为同学们的人际沟通创设了广阔的空间，在开展研究活动过程中同学们要发扬团队精神，学会合作与分享。

5. 培养科学态度和科学道德

科学的态度和科学道德是研究性学习追求的高尚人文精神。真理的追求，需要脚踏实地，来不得半点虚假。在通向成功的崎岖道路上，只有不畏艰难才能到达终点。学习类活动虽不能与先辈们的上下求索和科学家们的创造历程相比，但同样需要同学们认真踏实地探究，实事求是地获得结论，尊重他人的想法和成果，养成严谨求实的科学态度和追求进取的精神，磨炼不怕吃苦、勇于克服困难的意志品质。

6. 培养对社会的责任心和使命感

增长促进社会进步和发展的才干是我们参与学习类活动的价值取向。创新意识和实践能力只有与时代前进方向一致才能创造出价值的成果。原子能的知识和技术、现代网络的知识和技术、基因的知识和技术既能造福于社会又能危及社会，其关键就在掌握它的人有无社会责任心。在学习类活动过程中，同学们通过社会实践，要深入了解科学对于自然、社会和人类的意义价值，学会关心国家和社会的进步，学会关注人类与环境的和谐发展，形成积极的人生观和人生态度。

三、学习类活动的实施类型

学习类活动致力于改变学生被动的学习方式，着力于培养发展学生的创新意识和实践能力。因此，学习的实施方式也必然会在学生与老师们的

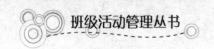

实践中不断被完善和创新，呈现发展变化的态势。一般来说，其实施类型可以做如下划分：

1. 依据研究对象和内容的不同，学习类活动的实施可以分为两类，即课题研究类和项目（活动）设计类。

课题研究类是以认识客观世界和人自身为主要目的。如巴以关系的历史、现状与前景，墨子的思想，高中生出国热兴起原因，市民文化消费现状，植物浇水、施肥与生长速度的关系，锻炼与体重等。以上问题都围绕客观事物是什么样的或事物之间的关系、事物发展变化的规律是什么提出。

项目（活动）设计类是以研究操作问题，提出实际解决办法为目的。如市售食盐中碘的检验、学校草坪病虫害的防治、最佳学习时段的选择等。在上述这些题目中，研究者最终要拿出检测、防治和选择的办法或试制出报警器成品。这类研究性活动还包括对一项活动的策划或对环境建设改造的设计等。

2. 依据组织形式划分，可以分为三种类型：小组合作研究，个人独立研究和学校、班级、小组联合研究。

个人独立完成研究任务是一种比较灵活的方式，它可以充分照顾到个人的兴趣爱好，独特的研究视角，行动便利快捷。但缺点是力量单一，孤军作战，缺乏研究的支持力量和互补性。

学校、班级、小组联合活动是指在学校统一设立的主题下，班级承担下一层次的子课题；在班级子课题的主题下，小组再分解出下一层次子课题，实施大联合式的专题研究。这种方式的优点是联合攻关，对主题的研究广阔而全面。经过不断的轮回研究，其成果会形成系统，提高研究成果的质量水平。这种方式的缺陷是对同学的个体有一定的限制性，很难照顾到个别需要。

小组合作式介于前两种研究组织形式之间，兼顾了上述两种组织形式的优点，是经常被学校和同学们选用的一种组织类型。在实践中，有的学校进一步将小组合作式发展成开放式和变式。

3. 依据活动开展的形式不同，学习类班级活动主要分为竞赛类学习活

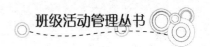

动、交流类学习活动、研究性学习活动，等等。

四、学习类活动中的师生关系

学习类活动转变了同学们"学"的方式，必然就要转变老师"教"的方式，从而使师生的关系获得了新的意义和新的内涵。

首先，在活动中老师不再是同学们所要学习知识的权威代表，而是和同学一起探究知识一起应用知识的共同参与者。学习活动围绕着问题展开，而问题来源于所有学生感兴趣的所有领域。我们的老师就是再勤奋再博学，也不可能涉猎到那么广泛的知识体系。

某学校的一位物理老师曾介绍过这样一个经历，学生的研究性学习小组选择了光污染问题的进行探索。同学问他"什么是光污染？"，这位老师在长期教学中对光是什么、光的性质、有关光的科学发展史均有丰富的知识积累，但就是对近代才产生的光污染问题知之不多。结果，这位老师和同学们一起查阅资料，访问环保局、医院，共同完成了这一项活动。

正因为如此，老师也就不是同学们在学习活动过程中的依赖者，而是这项学习活动的组织者和指导者。在学科学习中，同学们对老师的依赖性很大，不仅课要靠老师讲、题要靠老师出、作业要靠老师批，甚至有些同学连学习也要靠老师看管。而在学习类活动中特别强调同学们的主体性，提出问题、解决问题都要靠同学们自己动脑和动手。但是，这并不是说老师就撒手不管了，整个活动老师要协助学生去组织，在选择问题、设计研究计划、完成研究任务的各个环节老师都要给予指导，向同学们介绍一些有益的经验和可行的方法。

老师是学习类活动的促进者。在学习的过程中，同学们会遇到各种各样的困难，现实不可能像同学想象的那样一帆风顺。这时，老师是离你最近的援助者，苦恼、困惑可以向老师倾诉，活动的修正调整可以和老师商量。

在学习类活动中，学生充分发挥学习的主动性，老师则帮助、指导学

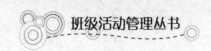

生去实现自己的主体地位、尊师爱生、师生共进将会在学习方式的转变中得以实现和升华。

第二节 竞赛类学习活动的设计组织

竞赛类活动是学习类活动常采取的形式，它以竞赛的形式激发学生参与热情，让活动更有活力，更有趣味，同时培养了学生的竞争意识和团队精神。

一、竞赛类活动的类型

竞赛类活动主要有以下几种：

1. 学科知识竞赛、百科知识竞赛等。

这一类活动的内容主要针对的是知识的掌握。

2. 智力竞赛、"头脑风暴"等。

这一类活动针对的内容主要是思维能力与发散性思维、创造性思维。

3. 辩论赛。

这一类活动主要针对的是思维的缜密性与语言表达能力、理解能力等综合素质。

4. 其他类型。

如科技创新大赛、围棋比赛、书法比赛等活动。

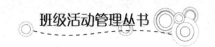

二、竞赛类活动的一般程序

1. 恰当地选择活动的主题

活动可以结合近阶段学生学科学习的内容，让竞赛更有针对性，同时提高学生参与度。也可以根据当前国内外大事或学校大型活动确定主题。如在纪念长征七十周年之际可以开展关于抗日战争历史的知识竞赛；在北京奥运会来临之际开展"奥运知识"竞赛活动；在爱鸟周举行相关生物知识竞赛；在学校举行文化节时开展礼仪知识竞赛；等等。

2. 明确活动流程

竞赛类活动要认真考虑操作层面的问题，如比赛的赛制如何制定、评奖的合理性等。必要时需要准备电子抢答器、计时器、计分器等物。在活动之前，应认真调试，确保活动顺利进行。

如，辩论赛是经常进行的一种学习类竞赛活动。对于像辩论赛这样的活动，班主任还应了解辩论赛通常的比赛规则与程序，正反方发言顺序与时间、要求等。班主任老师在设计辩论赛活动时，应了解以下几点：

（1）在班级组织辩论赛时，对辩题一定要仔细斟酌，避免出现明显偏向一方的话题。

（2）明确一般辩论赛的程序，结合班会时间长度可参考以下程序：

①主持人宣布比赛开始，介绍评委、队员及比赛规则。

②陈词阶段。顺序和时间依次为：正方一辩、反方一辩、正方二辩、反方二辩、正方三辩、反方三辩。每人发言时间在 1.5 分钟以内。当每位辩手的发言时间剩下 30 秒钟时，有铃声提示；当铃声再次响起时表示时间已用完，辩手须立即停止发言。

③自由辩论阶段。双方轮流发言，每队各有 4 分钟时间。当一队发言时间只剩下半分钟时，将由铃声提示，当该队的发言时间已到时，将由铃声提示，该队应立即停止发言。一队发言时间先到，另一队可以继续发言，直到该队的时间（4 分钟）用完为止。

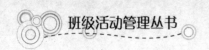

④总结陈词阶段。发言顺序为反方四辩、正方四辩。时间各为2分钟以内。

⑤评委进行评议和裁决。裁决期间，由教师进行点评，其他同学也可以发表自己的观点。

⑥主持人宣布最后的结果。

（3）评分科学合理是比赛顺利进行、取得较好效果的保证。辩论赛可从以下角度进行评比：

①辩论技巧。辩手是否语言流畅、立场明确，能否从多角度、多层次分析、理解、认识辩题，叙述是否有层次性、条理性，论证是否具有说服力。

②内容资料。论据是否充分、合理、恰当、有力。引述资料是否正确、翔实。

③自由辩论。能否始终坚持自己的立场，主动、准确、及时、机智地反驳对方的观点，思路清晰、立场坚定、逻辑正确、应对灵活。

④整体配合。是否有团队精神，能否相互支持，论辩衔接是否流畅，论点结构是否完整，是否形成一个有机整体。

⑤表情风度。辩手表情、手势是否恰当、自然、大方，是否富有幽默感等。

【案例】

上学路上的安全

一、活动背景

3月27日是全国中小学生安全教育日。某中学初三（1）班及早动手，围绕该年的活动主题"珍爱生命，安全第一"，开展了系列班级活动，这次关于上学路上的交通知识竞赛便是其中之一。

二、活动形式

采取智力竞答的方式，即事先准备好题目后，在活动中分组以回答问题的方式进行竞赛。

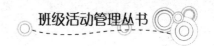

三、活动流程

班主任安排一些同学在活动前查找相关资料，准备题目，制作成课件，在活动中使用。在活动开始前，把班级同学分成6组，选出在各个环节作答的同学。

第一环节是必答题的回答，由主持人出示几组难易相当的题目，每组代表选择一组进行回答。记分员在黑板上记录下每组的答题分数。

第二环节是抢答题的回答。由每组代表同学进行抢答，并宣布抢答规则，答错扣分，答对加分。由记分员计分。

第三环节，经过前两轮的比赛，淘汰四组，由分数最高的两组进行终极PK。终极环节的题目为简答题，两组代表分别为对方选题，然后作答。每组三道题，回答对题目较多的小组获胜。若两组打成平手，则再选题进行比赛，直到分出胜负。

四、活动题目（备选）

（一）填空题

1. 我国通用火警电话电码是_____。

2. 进入公共场所，一定要注意观察_____通道位置。

3. 消防车和消火栓的颜色是_____色。

4. 楼内失火应从_____通道逃离。

5. 每年"中小学生安全教育日"是在_____月份。

6. 行人在道路上行走，必须走_____。

7. 我国交通事故报警求救电话号码是_____。

8. 城市小同学横穿马路要走_____线。

9. 乘坐二轮摩托车要戴_____。

10. 《道路交通安全法》于_____年_____月_____日起施行。

11. 行人不得在车行道内外坐卧、停留和_____。

12. 交警交通指挥手势信号有_____种。

13. 行人不得_____道路隔离栏。

14. 乘车人不得携带_____危险物品，不得向车外_____。

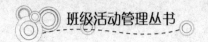

（二）判断题（在序号上打√，18分）

1. 在有交警手势指挥的路口，车辆、驾驶人应按交通信号灯的指示信号行驶。

　　A. 正确　　　　B. 错误

2. 乘车人不得向车外抛洒物品，不得有影响驾驶人安全驾驶的行为。

　　A. 正确　　　　B. 错误

3. 使用电灯时，灯泡不要接触或靠近可燃物。

　　A. 正确　　　　B. 错误

4. 放学路上如果被陌生人跟踪，赶紧打电话报警或告知家长。

　　A. 正确　　　　B. 错误

5. 在车上，对面的叔叔或阿姨请你吃他带的食物，接过可乐，并说声"谢谢"。

　　A. 正确　　　　B. 错误

6. 当你独自在家，有人敲门就开门。

　　A. 正确　　　　B. 错误

7. 如果在校外有人向你勒索金钱，事后你也不向任何人讲，免得遭报复。

　　A. 正确　　　　B. 错误

8. 交通标志的主要作用是控制交通流量、速度，合理组织和科学疏导车辆、行人通行。

　　A. 正确　　　　B. 错误

9. 到"室、两厅、两吧"玩不存在潜在危险。

　　A. 正确　　　　B. 错误

（三）选择题（把正确的序号填在括号里，32分）

1. 行人在没有人行道的道路上行走，应当靠（　　）行走。

　　A. 左边　　　　　　B. 右边　　　　　　C、中间

2. 学龄前儿童在道路上通行，应当由（　　）带领。

　　A. 大人　　　　B. 朋友　　　　　C. 监护人或监护人委托的人

3. 在路上，很多小学生都带着黄颜色的帽子，这样做的原因是什

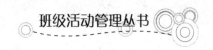

么？（　　　）

　　A. 黄色的帽子好看　　　B. 是校服、必须戴　　　C. 醒目

4. 你知道下面哪些病是传染性极强的疾病？（　　　）

　　A. 非典型肺炎　　　B. 艾滋病　　　　　C. 癌症

5. 以下放学路上的哪些行为可能会给自己带来危险的是（　　　）

　　A. 看热闹　　　　B. 为问路的陌生人带路　　　C. 和同学一起回家

6. 如果你经常外出带着家门的钥匙，下面的哪种做法可能会有危险。（　　　）

　　A. 把钥匙挂在脖子　B. 把钥匙放在衣里　C. 把钥匙放在随身的包里

7. 油锅着火时，正确的灭火方法是（　　　）

　　A. 用水浇　　　　B. 用锅盖盖灭　　　C. 赶快去端油锅

8. 在火场中，充满了各种各样的危险：烈焰、高温、烟雾、毒气等。下面几种保护措施，哪一条是不正确的（　　　）

　　A. 在火场中站立、直行，并大口呼吸

　　B. 迅速躲避在火场的下风处

　　C. 用湿毛巾捂住口鼻，必要时匍匐前行

9. 当身上衣服着火时，立即采取的正确灭火方法是什么（　　　）

　　A. 赶快奔跑灭掉身上火苗

　　B. 就地打滚压灭身上火苗

　　C. 用手帕打火苗，尽快撕脱衣服

10. 家中常用的以下几种物品，哪些遇火可能爆炸（　　　）

　　A. 一次性打火机　B. 洗发水　　　　C. 液化气罐

11. 家中电视机着火了，错误的做法是什么？（　　　）

　　A. 迅速拔掉电器电源插头，切断电源

　　B. 灭火器直接对着荧光屏灭火

　　C. 用水灭火

12. 下面的哪些做法会导致触电？（　　　）

　　A. 用刚洗过水的手没来得及擦干就去拔电插头

　　B. 在电线杆附近行走

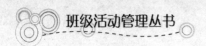

C. 在有"高压危险"字样的高压设备5米外行走

13. 学生外出郊游应注意:(　　　)

A. 听从老师的安排,注意防火安全

B. 护林防火期间,严禁到山林野炊

C. 可以在树林中焚烧枯枝败叶

14. 公安消防队救火(　　　)

A. 只收救火成本费　　　B. 收取所有费用　　　C. 不收任何费用

15. 到床底、阁楼找东西时,应用(　　　)照明。

A. 手电筒　　　　　B. 油灯　　　　　　C. 蜡烛

16. 下列物品在家庭中储存时,(　　　)火灾危险性最小。

A. 汽油　　　　　　B. 酒精　　　　　　C. 花生油

(四)简答题:(20分,每题10分)。

1. 上学、放学途中,同学们要怎样走路回家?

2. 同学们外出活动要注意什么?

3. 路上遇到车祸应该怎么办?

第三节　交流类学习活动的设计组织

交流类学习促进活动主要有优秀作业展示、学习方法交流、图书交流会、演讲交流等。这一类活动与知识结合较紧,活动形式也相对比较统一,不过如果组织得好,也会让学生受益匪浅。

此类活动的组织应注意以下几点:

1. 培养学生的交流与合作精神

交流类学习活动需要一些同学展示自己的成功和优势所在,也需要同学们虚心去向他人学习。由于学习压力大,竞争强烈等各种方面的社会原因和个人原因，造成有些学生相对自私和保守，对这类活动没有兴趣，不愿积极参与，有时甚至"唱反调"。

为组织好此类活动，首先应让活动的参与者都培养一种与人交流与合作的精神，愿意真诚付出，也能够虚心向他人学习。所以在活动中班主任老师应注意一些活动细节，如在组织学习方法交流活动时，班主任老师应在活动中充分肯定发言人在学习成绩与品德行为等方面的优秀表现，这样会让其他同学更注意倾听与交流。同时，应尽量发动更多的同学参与进来，避免这种活动成为只是少数"优秀生"展示的舞台。

2. 激发学生兴趣，充分调动学生的积极性

成功开展交流类学习活动的关键在于学生的兴趣与参与程度。比如组织一次演讲类交流活动，语文老师起着重要的作用。他要注意到青少年有着与成人不同的眼光，摆脱一直以来过于陈旧过于庸腐的题目，提出许多学生感兴趣却未写下来的演讲题目，让学生找到自己的演讲风格，从而让更多学生愿意参与进来，在整个活动的过程中由于兴趣浓厚而积极关注。

【案例1】

"错别字"诊所

一、活动背景

1. 随着历史的发展，汉字的数量越来越多，汉字的构造也由复杂到简单，于是人们在写字时不免出现错别字。要想了解语文文化甚至中国文化，就要知道错别字，了解错别字，改正错别字。

2. 现今街头标语广告中充塞着让人莫名其妙的错别字。只要我们翻开书来，打开报纸，错别字就仿佛无处不在的幽灵，在我们面前游移，使你哭笑不得。它给我们带来许多不便，也让我们闹出了不少笑话，并且屡屡出现在学生的作业中，因此，希望通过此次活动帮助大家对语言文字有一定的认识，减少读错字、写错字的机会。

二、活动目标

1. 通过查阅书籍、上网等方式，收集生活中的常见错别字，用各种形式表现出来，让学生提出一些减少错别字发生的方法，并以课件的方式演示出来。

2. 在活动中培养团队合作精神，与人交往的能力，学会查找信息，提高分析处理信息的能力，提高参与意识及学以致用的能力。

3. 积累一定的文字知识，了解语文文化及中国文化，激发学生学习语文的兴趣。

三、活动过程

1. 活动分工

分别安排查找电脑资料、图书馆资料、生活资料，以及整理、统筹的人员。

2. 活动步骤

第一周：查找资料、小组讨论。

第二周：起草论文草稿、制作幻灯片、确定论文框架。

第三周：成果汇总、完成论文。

3. 活动地点

学校图书馆、学校电子备课室。

4. 具体进程

（1）学校图书馆

查阅图书资料，了解何为文字、何为错别字。

（2）上网

在网上收集与错别字相关的生活中的小故事、小笑话，以及一些常见错别字。

（3）电子备课室

A. 资料整理、汇编，并制作成幻灯片。

B. 交流所得资料，撰写研究报告，小组讨论，反复修改，提交指导老师修改，最后定稿。

四、资料汇总

1. 了解何为文字

班级活动的设计与实施

文字，人类文明的象征。中国是世界四大文明古国之一，中国人用自己的智慧创造了自己的语言与文字，用它们来交流彼此的感情。作为沟通的工具，文字更加显示出了它跨时代的意义。历史已经成为过去，可人们又是怎样知道过去的事呢？历史不是空白，它给文明留下了大量的文字记载。正是有了这些文字记载，人们才能了解过去、认识现在和感知未来。随着历史的发展，汉字也以其特有的方式发生着变化。汉字发展的总趋势是从复杂到简单。汉字的数目也是越发展越多。于是人们在写字时也不免出现一些错别字。

2. 了解何为错别字

错字与别字是两个完全不同的概念：错字是指将某个字写错，这个错字既不为人知，也无任何意义，完全是写字的人自己编造出来的；别字是指写出的字与正确的字音同或音近，但意思却不同。别字多的文章，词不达意，有时也会闹出笑话。

3. 小故事

（1）发音错误

一天，小华带着他那从乡下来的亲戚下馆子。他们刚坐好，一位服务员走过来问：要点什么酒吗？一位老乡见过有种酒叫"泸州老窖"，便跟服务员说，给咱们来几两"泸州老窨"。大家面面相觑，接着便是哄堂大笑。

点评：窨？那不是住的吗？

（2）书写错误

一次元旦时，某博物馆举行一次兵马俑展览。他们给古文物专家阿牧发去了一封邀请函，上面写着：

阿牧先生：你好！本博物馆将要举办一次兵马桶展览。望能前来助兴！

点评：兵马桶？玩的？用的？真想见识见识。

（3）常见书写错误

功亏一匮——功亏一篑　毛骨耸然——毛骨悚然
星罗旗布——星罗棋布　惨绝人环——惨绝人寰

拙拙逼人——咄咄逼人　贯输知识——灌输知识

修茸一新——修葺一新　破斧沉舟——破釜沉舟

披星带月——披星戴月　一枕黄粱——一枕黄粱

磐竹难书——罄竹难书　鸟鲁木齐——乌鲁木齐

（4）小动画：妈妈的"毛（手）"

（5）电影：我的野恋女友——我的野蛮女友

（6）对话

甲：我今天"恨怀了"。有人"醒"我"西盼"，"汉"电影，还"续""丧歌"，你"很"定不"机"道。

乙：你"新经病"。

"恨""怀了"——很快乐　"醒"——请

"西盼"——吃饭　"汉"电影——看电影

"续"——去　"丧歌"——唱歌

"机"道——知道　"新"经病——神经病

（7）名人趣闻

南京地质学家朱夏的名字被误印为失夏，这位幽默的诗人、地质学家竟写成妙诗一首：

铮铮铁骨何尝断，小小头颅幸尚存。

从此金陵无酷暑，送春归后便迎秋。

五、总结交流，提出建议

1. 同学撰写活动论文，制作课件，小组代表发言。

2. 学生归纳总结出的减少读错字、写错字的建议。

致学生：如何减少写错别字

细心辨别字的形、音、义，是避免写错别字的不二法门。具体来说，在形方面就是注意字的笔画和结构，音的方面则要读得准确，义的方面既要掌握准确，并且要区分出微小的差误。

致教师：如何提高学生改正错别字的能力

1. 给学生正确、清晰的第一印象

2. 区别汉字音、形、义，同中求异抓特点

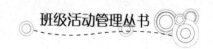

（1）区别同音字，防止同音代替

（2）比较形近字，认清细微差别

3. 及时复习，正确纠错不误导

七、教师对活动的评价

同学们经过考察、感受，搜集资料，查阅图书，网上信息查询等方式对错别字的产生原因、错别字的预防等进行了分析、总结，并提出了自己的看法和观点。同学们还与老师一起总结如何预防错别字的方法。更可贵的是，同学们在活动中，学会了与人合作，同学们之间的关系更加融洽；学会仔细观察、留心周围的事物；学习积极、主动，对语文的兴趣也提高了不少。

这次活动虽然取得了比较令人满意的成绩，但是也有许多不足之处，比如：时间较短，研究得不够深入，资料有限，想了解何为通假字、何为异体字都没有实现。没有准备更多的生活资料，让课件更加充实、完善。但通过此次活动，积累了一定的经验，为将来更进一步的研究打下一定的基础。

【案例2】

莲文化的魅力

一、活动设想

炎热的六月，正是"接天莲叶无穷碧，映日荷花别样红"时。我们居住城市的大小池塘，遍地开花。荷花对于同学们来说并不陌生。我们平时吃莲藕、摘莲蓬……今天让我们再次领略大自然中莲花的魅力，欣赏它俏丽的身影，感受它的仪态万方、绚丽多彩……

二、活动目标

1. 了解一些关于莲的科学知识。

2. 阅读、背诵有关莲的诗文，培养对莲的文学作品的理解、欣赏能力。

3. 到自然和社会中去获得情感体验。

三、活动准备

1. 拟一份活动记录表，体现学生参加活动的项目、内容、方式以及有关活动成果，评分结果，以此作为评价的重要依据。

2. 把学生分成四个小组，选出组成进行小组合作学习。

3. 访谈有关行家，民俗文化研究人员。

4. 与学校图书室取得联系，开出有关图书目录，准备查询。

四、活动指导

1. 关于对"莲的科学探究"中，上网或查书了解莲的生长环境、莲藕的结构及其营养价值等。让学生亲自折断一截莲藕试试，理解藕断丝连的意义。

2. 关于"大家都来赏荷花"，教师带领调查小组去实地观察荷花，用数码相机拍摄千姿百态的荷花，注意它的颜色、大小、姿态，绘画小组用画笔来表现心中的荷花。

3. 关于"莲文化探胜"，让学生开展激烈的讨论，注重学生的文学积累，文学作品中莲被赋予清纯、高洁、脱俗、正直、深情、娴静等品质；注重培养学生用联系的、辩证的思维方法进行辩论。

4. 关于编一首《采莲曲》，让擅长写诗歌的学生写词，请音乐教师指导谱曲，只要曲声悠扬，琅琅上口就可。

五、活动实施

1. 将收集到的信息由小组长汇总，删除重复部分。

2. 分类整理，编订成册，请老师审定作序。

3. 选出口语表达能力强的程东、郭玲同学作主持人。

六、成果展示

主持人上台，宣布活动展示开始。

各小组依次上台展示成员精心编成的小册子，图文并茂，内容具体，由大众评委评分，主持人计分。

七、教师小结

八、课外延伸

以"_____的莲"为题写作。450字左右。

九、活动反思

这次活动知识容量是非常多的，可以说是丰富多彩。学生通过自主合作查阅资料，筛选信息，发现问题，认真探究，知识归类整理，知识展示，学生多方面能力得到提高。尤其是探究问题的能力有很大的提高。自主、合作、探究学习方式得到落实，也培养了学生探究、创新的小组合作团队精神。

此外，还有值得反思的地方，学生找资料，没有很好的途径，浪费时间过多，为了充分准备资料，一个活动课完成要一周的时间。学生只注重过程不重视结果，认为只要把这个活动搞得热闹就行了，不懂得要把知识真正的储备到大脑中，这些在以后的活动中还需要老师过多的指导。

第四节　研究性学习活动的设计组织

研究性学习是指学生基于自身兴趣，在教师指导下，从自然、社会和学生自身生活中选择和确定研究专题，主动地获取知识、应用知识、解决问题的学习活动。它特别强调学生通过实践，增强探究和创新意识，学习科学研究的方法，发展综合运用知识的能力。

学生通过研究性学习活动，形成一种积极的、生动的、自主合作探究的学习方式。各种富有时代感的主题（如环境教育、国际理解教育、价值观教育等）都可以不断渗透于研究性学习活动之中。

"研究性学习"不仅是学习类实践活动的一个组成部分，从其本质和实际发挥作用的角度看，更是实施过程所凭借的一种基本学习方式，是贯穿于学习类活动所有内容和所有过程中的主导性学习方式。这一方式渗透于学习类活动的全部内容之中。如"社区服务与社会实践"、"信息技术教育"、"劳动与技术教育"都是"研究性学习"探究的重要内容。

除了遵循一般学习类活动的设计实施程序，为了提高学习效率，达到预期效果，策划与设计研究性学习活动还要注意以下几点。

一、活动内容的新颖性

活动的主题明确后，选择的内容要能够引起学生的兴趣。如知识拓展类的活动，可以让学生自定课外主题，也可采用研究性学习的方式，不能拘泥考试内容，应努力拓展学生视野，激发学生兴趣。同时，学习促进类活动应当让学生在愉快、丰富、有意义的活动中学习，而不是学生学科课程学习的简单枯燥延续。如以"打好基础，攀登高峰"为主题参观计算机研究所；以"探索"为主题参观邮电大学"全息图摄像"；以"爱鸟月"为主题参观北京师范大学生物标本试验室，并调查了解珍奇鸟类资源；以"迈进科学知识的大门"为主题，参观科学电影制片厂，并观看制作、拍摄、特技全过程；"祝贺我国第一部大百科全书出版发行"为题，请编辑作报告；以"学好外语，走向未来"为主题，请外语学院的教授讲解学习外语的意义和方法。为了提高学生的写作水平，指导学生阅读，走进图书馆参观、访问，学习借书，查书目，真正体会"书，是人类进步的阶梯"，等等。

二、活动过程的参与性

学习促进类班级活动的参与性表现在以下几个方面：

1. 活动组织的主体之一是学生，应在每一次活动中让尽可能多的学生参与全过程，包括活动的设计、组织、策划、落实。

2. 活动的互动性

在活动中要让学生感觉到自己是活动的主角，不是班主任、主持人或是请来的优秀学子。因为需要思考与自己相关的问题，需要积极参与其中的众多环节，需要与他人进行交流。

班级活动的设计与实施

三、活动效果的实效性

活动中，组织者设计的环节要能够帮助学生发现自我，了解自我，从而完善自我。比如某班开展的一次"提高学习效率"的研究性学习活动，学生通过这一活动，可以找到自己的问题所在，在对自己的学习效率进行自测后再去听一听优秀学子的介绍，才能更好地吸取他人长处，改进自己的不足。学生通过这一活动，学到了关于记忆的科学知识，从而掌握方法，学到了如何评价自我，从而改变态度。这样才真正谈得上提高自己的学习效率。

四、活动总结的提升性

成功的活动将给学生带来深深的震撼与思考，让学生在活动中获得心灵的感动。而进行活动总结要与活动相适合。作总结的人可以是嘉宾，可以是同学，也可以是班主任；总结形式可以是文字感受，可以是作品展示，也可以是行动；可以在活动中，也可以在活动之后的延伸中体现。总结、反思的意义在于培养学生进行自我教育、提升工作能力的良好意识，使班级活动的开展能不断进步，并达到最大的效果。

另外，每次活动结束，都要对活动的整个过程进行反思总结：是否围绕目标开展活动，活动中学生的参与状况，在态度、情感、价值上的收获等，要让学生在总结中，提升认识，不断改变和完善自我。

五、教师需要对活动进行有效指导

1. 正确处理学生的自主选择、主动探究与教师的有效指导的关系

教师的有效指导是研究性活动成功实施的基本条件。研究性活动倡导团体指导与协同教学。不能把活动的指导权只赋予某一学科的教师或班主任或专门从事综合实践活动指导的教师，而应通过有效的方式将所有教师

（包括课外的专家）的智慧集中起来，对综合实践活动进行协同指导。这是综合实践活动的整体性的内在要求。同时教师还要解决在研究过程中不断生成的问题，所以教师既不能"教"研究性学习活动，也不能推卸指导的责任放任学生，而应把自己的有效指导与鼓励学生自主选择、主动探究有机结合起来。

2. 善于引导学生从日常生活中选取探究课题或问题

日常生活在学生发展中的作用丝毫不亚于学科知识。尊重学生的日常生活，引导学生从日常生活中选取自己感兴趣的课题或问题进行探究，努力把学科知识与日常生活整合起来，这是研究性学习活动的重要使命。

3. 要体现一所学校及所在地区的特色

对一所学校而言，研究性学习活动是其学校文化的有机构成，要集中体现学校特色。而学校所在的地区是一所学校的特色得以形成的重要基础。研究性学习要善于挖掘地方特色中的课程资源和研究课题，引导学生把自己成长的环境作为学习场所，在与所在地区的持续交互作用中，不断理解家乡的特点，进而热爱自己的家乡。因此，研究性学习活动内容的选择应立足于学校的特色，并使其成为特色学校建设的重要环节。如某校根据自己具有独特的地理优势和环境优势，确立了以下几块的研究性学习活动内容，并在具体的选择和实施中向这些方面倾斜：

（1）以山为内容的研究活动。如《石矿开采的负面影响的调查报告》等。

（2）以海为内容的研究活动。如《挖坑换土改造盐碱地》等。

（3）特色经济作物的研究内容。如《影响包心菜结球的原因及对策的栽培试验》，《春笋早出的实验》等。

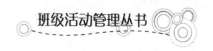

【案例】

让名人故居"抛头露面"

一、活动目标：

1. 通过对本市名人故居的调查和研究，了解名人故居的现状，结合本市旅游型城市发展策略，探究名人故居作为旅游资源的利用与开发问题，为城市的发展提出建设性的建议。

2. 通过研究性学习，提高同学利用网络、图书馆收集信息、处理信息的能力；培养同学乐于与他人合作、自主探究学习的精神；锻炼社交能力，发展实践能力和创新精神。

3. 通过研究性学习，了解本市发展现状和前景，感受历史名人的优秀传统，关注和参与城市发展规划。

二、活动方式

以小组为单位，利用网络、图书馆或采访知情人等方法，了解本市名人故居的概况和相关历史名人的事迹；通过现场考察、采访有关专家或部门，调查名人故居的保护和利用现状；采访市政府、旅游局和规划局等部门，了解名人故居在本市未来的规划简况；结合调查结果，为城市的发展，提出建设性的建议，并送交有关部门。

三、准备工作

同学自由组合，形成学习小组，以 5 人左右为宜。小组成员共同制定合作学习规则。

四、实施过程

学习阶段	课时	学习目标	研究方式	合作学习内容	学习成果	评价依据
准备阶段	2	制订计划	集体讨论	1. 组员推选产生组长； 2. 制订学习活动计划； 3. 撰写开题报告	计划；开题报告	活动计划；开题报告

第二章　学习类班级活动的设计与实施

学习阶段	课时	学习目标	研究方式	合作学习内容	学习成果	评价依据
自主探究阶段	8	了解名人故居的概况和相关名人的历史事迹	上网搜索查阅图书走访知情人	1. 确定组员分工（分为网络、图书、知情人三小组）； 2. 各小组搜集资料； 3. 各小组交流收集的资料和经历； 4. 全组共同处理信息，筛选出有效的资料	经过筛选的资料	集体活动记录；初始资料；处理后的资料
第二阶段	10	了解名人故居的保护和利用现状	现场考察采访有关专家、部门	1. 共同制定实地考察的日程表和内容；确定需采访的专家和部门，采访内容，同时做好预约、联系工作； 2. 共同进行实地考察和采访工作； 3. 汇总考察和采访情况； 4. 共同撰写《名人故居的保护和利用现状》调查报告	调查报告	集体活动记录；调查报告
自主探究阶段 第三阶段	10	了解常州市民对名人故居的了解和期盼	问卷调查现场采访	1. 共同制定调查问卷； 2. 确定社会调查的范围和方式； 3. 走上社会，分头进行调查； 4. 汇总调查情况，撰写《市民对"名人故居"的了解和期盼》的调查报告。	调查问卷；采访实录；调查报告	集体活动记录；调查问卷；调查报告
第四阶段	10	探究名人故居的开发利用模式	采访专家网络图书	1. 整理、回顾活动资料，反思调查结果，提出开发设想，互相交流； 2. 讨论设想的可行性，确定科学、可行的方案； 3. 撰写论文《让名人故居"抛头露面"》	论文	集体活动记录；论文

续表

学习阶段	课时	学习目标	研究方式	合作学习内容	学习成果	评价依据
总结阶段	2	课题评估	讨论	1. 总结课题研究，填写结题评估表； 2. 小组内开展学习评价，分为自评和互评； 3. 请指导老师评估课题和学生学习个体学习情况。	结题评估表；个体评价	结题评估表；个体评价表

五、活动评估

主要以下几个方面进行评估：

1. 同学利用网络、图书馆收集信息、处理信息的能力；

2. 同学乐于与他人合作，自主探究学习，积极参与社会实践活动；

3. 运用学习结果，分析和解决问题的能力及解决问题时的创新精神。

评估方法：

1. 研究档案袋

该档案袋可存放研究过程中的一切材料，如活动情况记载表（包括小组会议记录）、搜集的资料、小组分工名单、工作计划等，以此对学生的研究性学习进行长期、稳定的综合考察和较为全面的评价。

2. 学生习作

学生习作，指由学生创作，能较好体现探究性学习成果的作品。如调查问卷、调查报告和论文等。重点考查学生的历史思维能力、语言文字表达能力、收集和处理信息能力、创新能力等。

3. 历史调查

历史调查既是一种学习方式，也是一种学习评价方式。通过丰富多样的历史调查活动，可以考查学生综合运用历史知识分析和解决问题的实践能力。

第四章 科技活动的设计与实施

　　科技的迅猛发展带来了社会的日新月异，信息时代、知识经济时代已悄然降临。今天，我们无时无刻不生活在科技的海洋里，因此培养中学生从小爱科学、学科学、用科学的能力刻不容缓。班级科技活动是指在课堂学习的基础上，以班集体为单位组织学生开展的活动。

　　开展科技活动，为学生创造了一个生动活泼、自由的学习环境，能够扩大学生的知识领域，培养学生的想象力、创造力和动手实践能力。本章中，我们以生物、物理、化学科技活动为例来对班级科技活动的设计与实施加以阐述。

第一节　生物科技活动的设计与实施

生物科技活动是中学生乐于从事的实践活动之一，班级活动中加入一定比例的生物科技活动能够使学生亲近大自然、更加深刻感受生物学的魅力，并从中获得实践技能和动手乐趣。

一、班级开展生物科技活动的意义

1. 完善生物学知识结构

生物学的内容异常广泛，中学生物课只能讲授其中规律性的内容，对应用部分很少接触，学生也很少有观察操作的机会。班级生物科技活动则能更好地接触生物学的应用部分，而且可以进行大量观察和操作，弥补生物课的不足。

2. 提高学生的各种能力

中学生物科技活动内容丰富多彩，形式多种多样，无论是野外采集、调查和考察、环境监测和观测、饲养场的种植和饲养、去科研部门参观和访问，都需要反复进行观察、操作和分析，这就能使学生形成敏锐的观察能力、准确的操作能力和敏捷的思维能力。

3. 培养学生的爱国主义思想感情

我国动植物种类繁多，资源丰富，而且有不少特有的珍稀动物和植物。中学生在参加生物科技活动中，由于经常接触各种动植物，使他们对祖国的一鸟一兽和一草一木更加热爱，从而激发他们的爱国主义思想感情。另外，由于中学生物科技活动广泛联系农业、林业、畜牧业和渔业等生产领域，这就使学生在对各种生物发生浓厚兴趣和不断加深认识的基础上，能够逐渐树立献身于祖国的农业、林业、畜牧业和渔业的远大志向。

二、班级生物科技活动的特点

同其他科技活动相比，班级生物科技活动具有以下特点：

1. 内容丰富多彩，紧密联系生产生活实际

地球上已知的生物种类约有 200 万种，它们形态不同，结构各异，生活习性也千差万别，共同组成了形形色色的生物界。

生物界的种类繁多、分界复杂的情况，使得生物学的内容多种多样。我们如果从生物类群的角度来划分，生物学可分为植物学、动物学、微生物学、真菌学、病毒学等；从生命特点来划分，生物学可分为形态学、分类学、生理学、胚胎学、遗传学、生物化学、进化论等；从生物的结构水平来划分，生物学又可分为分子生物学、细胞学、组织学、器官系统学、个体生物学、群体生物学、生态系统生物学等。生物学不仅分科复杂，而且与农业、林业、渔业、畜牧业、医学、副业等生产领域以及人类的衣、食、住、行等生活领域有着非常密切的联系。生物学的众多分科以及各分科与生产生活的广泛联系，为中学生物科技活动的开展提供了广阔范围和大量选题，使中学生物科技活动不仅内容丰富多彩，而且密切联系生产和生活实际。

2. 受生命活动规律的制约

自然界有生命的物体称为生物。生物的生命活动有其特殊的规律。这种规律主要表现在新陈代谢，应激性，生长，发育，繁殖，遗传，变异，进化及系统发生等方面。其中，新陈代谢是生命活动的基本规律。

生物体内所有化学变化的总合称为新陈代谢。新陈代谢包括同化作用和异化作用两个方面。生物通过同化作用，不断从环境中摄取养料转变成自身的组成物质，并贮存能量；同时生物通过异化作用，将自身的组成物

质分解，并释放能量，将代谢产物排到体外。同化作用和异化作用二者相互矛盾，相互依存，不可分割。

由于新陈代谢，生物体要求一定的环境条件，并影响和改变着周围环境。在新陈代谢基础上，生物个体进行着生长、发育、繁殖、遗传和变异；生物群体经历着进化和系统发生各种生物的生命活动都具有上述规律，但其各种规律的具体内容却是多种多样，互不相同。生命活动的规律及其多样性表现制约着生物科技活动的方法步骤。

科技活动的题目一旦确定，必须按照研究对象所需要的环境条件、生长发育过程、繁殖方式、遗传变异特性以及系统发生特点，设计研究方案，这样方能获得成功。例如，必须按照野生动植物的生活环境和生长发育时期进行采集或观察；必须根据农作物所需要的栽培条件和繁殖特点，进行有性杂交；必须了解接穗和砧木的系统发生特点，进行无性杂交以获得所需要的变异等等。

3. 野外活动多，前期准备工作很重要

研究各种生物，除少数内容可在实验室进行外，一般须深入到它的生活环境，并在它的生活状态下进行，这就需要到野外、田间和园林绿地里去采集观察、栽培和观测。其中尤以野外活动所占的比例最大，如野生动植物采集、野生动植物资源调查、野生动植物生态考察、水生浮游生物调查等，都是野外活动的项目，而且大多在远离学校的山地进行。野外活动的项目多，带来了交通、食宿和安全等问题，这就要求教师和活动小组在活动开始前要做好各项准备工作。

4. 活动时间长

动植物的生长发育往往需要一段比较长的时间，因此许多生物科技活动项目，少则几个月，多则一年甚至更长的时间才能完成。例如微生物培养课题需要几个月的时间；无土栽培、植物嫁接、物候期调查等课题，都需要一年左右的时间；至于农作物有性杂交，第一年用于进行杂交，第二年种植杂交种子，以验证杂交是否成功，至少需要 2 年才能完成。活动时间长的特点，要求教师必须在活动开始以前，从活动小组人选、时间安

第四章　科技活动的设计与实施

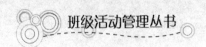

排、物质条件等方面妥善安排，不可有始无终，半途而废。

三、班级生物科技活动的类型

班级生物科技活动，按其活动内容和活动场所的不同，可分为以下五种类型。

1. 野外考察型

野外考察型是指从形态学、分类学和生态学的角度，对野生动植物个体或群体进行考察的科技活动。其内容主要有野生动植物的采集、生态考察和资源调查等项目。

野外考察型主要在野外动植物群落中进行，须在动植物生长发育期间开展活动，季节性强；一般不需要精密仪器，凭借肉眼观察和少量简易用具就能完成任务。通过本类型科技活动，可以使学生掌握野生动植物考察的基本方法，并培养其野外工作能力及观察能力。

2. 实验操作型

实验操作型是指在学校实验室中，利用各种仪器用品对动植物、微生物进行培养和观察的科技活动。其内容主要有植物组织培养、藻类培养观察、低等动物培养观察、微生物培养观察、浮游生物采集后的显微鉴定及无土栽培等项目。

实验操作型主要在实验室中进行，一年四季均可开展，季节性不强。活动开展时需要较多的仪器设备，如玻璃器皿和化学试剂。通过本类型科技活动，可以使学生掌握各类生物的培养技术，能够反复练习各种仪器用品、化学试剂的使用、配制方法，形成准确、熟练的操作能力。

3. 栽培饲养型

栽培饲养型是指在田间或饲养场内开展有关栽培饲养研究的科技活动。其内容主要有作物栽培实验，小动物饲养实验，农作物有性杂交，果树、蔬菜嫁接等项目。

本项活动季节性比较明显，项目开展所需的时间较长，需要一定的设备和用品。通过本类型科技活动，可以使学生掌握农作物和家养小动物的栽培饲养研究方法，并学会相应的栽培饲养技术。

4. 环境观测型

环境观测型是指在城市室外利用一定仪器设备，对环境污染问题进行观测的科技活动。其内容主要有环境污染和园林绿地生态效应等观测项目。环境观测型科技活动主要在室外进行，需要一定仪器设备，但通常不受季节限制，并能在较短时间完成活动。

通过本类型活动，可以使学生掌握环境监测的各种方法和技术，并培养学生的观察能力和操作能力。

5. 参观访问型

参观访问型是指到科普展览单位或科研部门进行参观访问的科技活动。参观访问的单位主要有植物园、动物园、自然博物馆、生物科研单位及大专院校生物系等场所。

参观访问型一般不需要仪器设备，活动时间短，通常一天就能完成。本类活动可以使学生开阔眼界，开拓思路。

四、开展班级生物科技活动的一般方法

1. 选择活动题目

活动小组应有固定的活动题目。活动题目可根据学生基础、学校设备条件和教师辅导能力三方面因素进行选择。一般来说，初中活动小组应多选择野外考察型、栽培饲养型和参观访问型的题目；高中活动小组可多选择实验操作型和环境观测型方面的题目。

2. 制定活动方案

活动方案是整个课题活动的依据，其内容应包括活动目的、活动设计、活动用具用品、活动步骤及注意事项等。方案应由全体成员讨论和制

定，教师进行辅导，不要包办代替。

3. 做好准备工作

（1）准备各项用具用品

除参观访问型外，均须使用各种用具用品。因此，必须事先做好准备。对学校没有或购买不到的用具，可发动学生自己动手制作。

（2）预查

除了实验操作型科技活动以外，其他类型的活动场所一般都在校外，有的甚至远离学校。这就需要事先进行预查，将活动场所的各种有关情况了解清楚。预查的内容主要有地理位置、地形、动植物状况、交通食宿条件和安全问题。其中以动植物状况最为重要，因为它是课题的研究对象，必须将它们的数量、分布、生长发育状态、物候期等项内容调查清楚，以使活动能够顺利进行。

（3）提出参考书目

应根据活动题目的需要，提出一份适合学生阅读的中级或普及性读物的参考书目，供活动小组成员查阅。

4. 积累科技活动资料

科技活动资料是课题总结的依据，应注意积累和保存。生物科技活动的资料主要有原始记录、动植物标本、照片和录音带等。应要求小组成员及时做好各项记录，并将采集的动植物及时制成标本，妥善保存。

5. 做好活动总结

总结是提高中学生物科技活动质量不可缺少的步骤，可采取以下几种方式进行。

（1）举办成果展览

将活动小组采集制作的各种标本、照片、图表等活动成果进行展览。既能使活动小组的学生得到提高，又能将科技活动的成果在学校扩大影响。

（2）召开成果汇报会

将科技活动成果在一定范围内开会进行汇报，能起到总结提高的作用。汇报内容应侧重活动小组成员所创造的实验新方法、新发现及新的实验结果等。

【案例】

一次山地植物采集活动

一、活动目的

1. 认识山地习见植物种类

2. 了解森林群落中各种植物间的适应关系

3. 掌握山地植物采集的方法步骤

二、活动准备

1. 选择和确定采集地点

2. 做好采集地点的预查工作

3. 准备图书资料，如该地区的植物志、采集地点的植物检索表、有关采集地点的地形图和地质、地貌、气候、土壤等资料。

4. 进行安全教育

野外采集中存在着许多不安全的因素，诸如蛇咬、摔伤、迷路、溺水等。为了防止出现这些事故，出发前应对学生进行安全教育，并宣布一些必要的纪律。

5. 准备采集用品用具

（1）采集袋：用人造革，帆布或尼龙绸制成，用于盛取标本和小型采集用品用具

（2）小标本夹和吸水纸

（3）掘铲：用于挖掘一般草本植物

（4）小镐：用来挖掘深根的或具有变态茎、变态根的草本植物

（5）树枝剪：分为枝剪和高枝剪两种，用来剪取木本植物的枝条

（6）树皮刀：可以折叠，用于割取树皮

第四章　科技活动的设计与实施

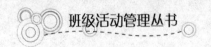

（7）望远镜：用来瞭望远处的地形和植物种类

（8）高度计（即海拔仪）：用于了解采集地点的海拔高度

（9）指北针：用来指示采集路途的方向

（10）纸袋：用牛皮纸制成，长约10厘米，宽约7厘米，用于盛取种子以及标本上脱落下来的花、果和叶

（11）小塑料袋

（12）采集记录册和铅笔

（13）标本号牌

（14）钢卷尺

三、活动步骤

1. 采集标本

2. 将标本编号和记录

3. 标本的临时装压

4. 交流回报，总结提升

第二节　物理科技活动的设计与实施

　　班级物理科技活动从某种意义上来说是为适应教育改革而产生的一种新的学习方式。在活动中学生动眼、动口、动手、动脑，亲身体验知识的发现探索过程，它能够全面提高学生整体素质。

一、开展班级物理科技活动的背景

1. 新课程对中学物理提出的新理念

（1）"从生活走向物理，从物理走向社会"；

（2）"注重科学探究，提倡学习方式多样化"；

（3）"注意学科渗透，关心科技发展"。

2. 新课程对中学物理教学提出五个新的目标

（1）保持对自然界的好奇，发展对科学的探索兴趣，在了解和认识自然的过程中有满足感及兴奋感；

（2）学生学习一定的物理基础知识，养成良好的思维习惯，在解决问题或作决定时能尝试运用科学原理和科学研究方法；

（3）经历基本的科学探究过程，具有初步的科学探究能力，乐于参与和科学技术有关的社会活动，在实践中有依靠自己的科学素养提高工作效率的意识；

（4）具有创新意识，能独立思考，勇于有根据地怀疑，养成尊重事实、大胆想象的科学态度和科学精神；

（5）关心科学发展前沿，具有可持续发展的意识，树立正确的科学观，有振兴中华，将科学服务于人类的使命感与责任感。

二、班级物理科技活动的特点

1. 从内容来看，它是分科课程综合化的一种途径，又是基础学科课程内容向现代开放的桥梁。

2. 从基本模式来看，物理科技活动更趋近于人们在社会中解决实际问题的情境和过程。

3. 从形式来看，班级物理科技活动具有丰富多彩、灵活多样的特点，一般不受课堂时间和空间的限制，可以因人而异，因时而异，因地而异，极其生动活泼。

三、物理科技活动的形式

1. 课外实验

根据学生的知识基础，教师精心设计物理课外实验让学生来完成。实

第四章 科技活动的设计与实施

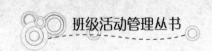

践表明物理课外实验活动以丰富而又蕴藏着科学素养的教学内容，深得学生的喜爱，按活动的能力层次从低到高可归纳为以下几类：趣味性实验、家庭小实验、探索性实验、应用性实验、研究性学习实验等。

2. 科技小制作

教师要善于指导学生把学到的知识付诸实践，勤于动手、动脑，做到手脑并用。学生每件制作品要能演示一种物理现象，说明一个物理问题，并有一定的实际价值。

在制作过程中，可以边学边干，积极思考，互相质疑，还可以展开讨论和争论。自行设计制作，要体现求异创新，不搞单纯模仿。要因陋就简，讲求实效，不贪大求洋。"瓶瓶罐罐当仪器，拼拼凑凑做实验"，使用身边随手可得的物品进行实验，可以拉近物理学与生活的距离，让学生深切感受到科学的真实性，感受到科学与日常生活的关系。通过体验小制作、小发明设计操作上的高要求和制作成功的喜悦，可促使学生形成良好的意志品质和严谨的科学态度，提高实验操作、实验设计和实验创新能力。

3. 物理科普论文的撰写

根据学生的知识基础，教师要安排、指导学生阅读有关的课外科普读物，浏览有关科普网站，使学生更多地了解科技知识和科技发展的新动向，增加学生的科技意识，并定期组织检查和辅导，以调动学生学习、读书的积极性，真正培养学生阅读、自学科技书籍的能力。科技论文是用来表述科学研究和描述科研成果的文章，是探讨、研究问题的一种手段，又是学术交流的一种工具。指导学生写小论文，要引导学会根据课题查阅有关资料，阅读相关书籍，通过观察、实验、阅读，尽可能多地占有资料，切实学会运用学过的知识写分析和解决某一实际问题的文章。

4. 物理社会调查

在社会调查活动中，学生可以利用教材中学到的理论知识，结合实际去解决生活和生产中的具体问题，如在学生学习了利用能源的知识后，组

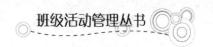

织他们调查当地能源使用情况、环境污染情况，并提出改进意见，还可以结合教材中的内容，调查噪声污染、热机的使用、农村电网的分布和用电情况等。

四、物理科技活动的设计与实施

我们以某校一个班级的太阳能科技活动小组活动"制作太阳能汽车纸模型"来说明一般情况下物理科技活动的设计与实施过程。

1. 活动目标的具体化

每一次活动都要有具体的活动目标，活动目标要具体化，切实可行。

例如，太阳能科技活动小组活动"制作太阳能汽车纸模型"活动目的：①培养学生利用太阳能的观念，把利用太阳能和人类的能源问题联系起来。（参与意识）②培养操作能力：主要是手工操作的能力。③培养学生自己查找信息的能力：怎样查找太阳能利用的科技信息？

2. 知识背景材料的搜集

知识背景材料就是有关科技活动的科学知识、技术知识和技能的材料，是教师要掌握、理解的东西。要教会学生喝一杯水，教师就要有一桶水。知识背景材料的搜集和研究，是设计活动方案的前提，科技活动方案的设计能否成功、对科技活动能否进行成功的辅导，很大程度上取决于活动之前的教师和科技辅导员对知识背景材料的搜集情况、对有关知识背景材料的理解情况。

例如，太阳能科技活动小组活动"制作太阳能汽车纸模型"，太阳能是不会直接开汽车的，好办法是太阳能转化为电力，让电来驱动电动机，把汽车改为电车。这里太阳能电池板就是很主要的部件了。模型里的太阳能电池板就在汽车的顶上。教师就要搜集有关太阳能电池板的资料。

3. 对参加活动的学生的调查研究

在设计科技活动的方案的时候要对活动参加者的情况进行调查研究，

第四章　科技活动的设计与实施

作为设计活动方案的依据。

例如，太阳能科技活动小组活动"制作太阳能汽车纸模型"，经过对组员的调查，学生对太阳能热水器，凹型太阳灶了解比较多，对太阳能电池了解少，对太阳能汽车了解更少。

4. 对物质条件的调查研究

科技活动要使用器材、设备、工具、制作材料……有的科技活动要到一些地方进行观察和考察，采集标本……在开展科技活动前，要对这些物质条件进行研究和调查，以防措手不及。

例如，太阳能科技活动小组活动"制作太阳能汽车纸模型"，要在每次活动前调查组员是否准备好了纸张、剪刀、胶水、尺子、铅笔……

5. 活动内容要点的制定

制定科技活动的内容要点是设计科技活动方案的关键，也是科技活动方案成功与否的关键。在确定了活动目标、搜集了知识背景材料、调查了学生情况、研究了物质条件以后，活动内容要点的制定就有了准备。

例如，太阳能科技活动小组活动："制作太阳能汽车纸模型"内容要点：

①汽车和能源：通过让学生搜集汽车和能源的信息，播放录像和展示图片，介绍汽车主要是使用汽油做能源的交通工具。汽油是有限的，使用汽油又会污染环境。激发学生对制作太阳能汽车的兴趣。设计太阳能汽车的关键是怎样把太阳能转化成驱动汽车的动力。太阳能是不会直接开汽车的，好办法是太阳能转化为电力，让电来驱动电动机，把汽车改为电车。这里太阳能电池板就是很主要的部件。模型里的太阳能电池板就在汽车的顶上。

②制作太阳能汽车模型：按照已经设计的图纸，要学生利用剪刀和糨糊制作太阳能汽车的模型。整个制作比较简单，要让学生看图自己制作。

③要学生自己设计新的太阳能汽车，发挥学生的创造能力，可以要学生先画图，课外自己设计制作模型。

6. 活动方式方法的制定

科技活动的方式方法是灵活多样的，每次活动都可以不一样。

例如，太阳能科技活动小组活动"制作太阳能汽车纸模型"。

①组织学生报告太阳能的利用信息、看录像、图片，要学生骨干事前做好准备，学生讲、教师辅导。

②组织学生制作太阳能汽车模型。也可以先进行制作，再让学生自己介绍自己制作的模型，教师进行评价，再通过评价介绍有关知识。

③组织学生自己设计新式太阳能汽车模型。

7. 活动的评价

在活动中，可以通过记录本、汇报交流等方式对学生进行综合性评价。实验记录本是学生思维的外显，保留好每次实验活动的记载，就能看到学生进步的轨迹。如语言表达的进步，辩论说理能力的提高和科学知识的增长。实验汇报交流则可以通过制订评价标准，引导学生进行生生互评。如可以从语言流利、内容丰富、形式新颖、认真倾听等方面进行评价。

第三节 化学科技活动的设计与实施

一、班级开展化学科技活动的意义

班级开展化学科技活动，是对学生课内学习化学的重要补充，并且是理论联系实际的一种生动活泼的学习形式。

通过化学科技活动，进行一些教具制作，或探索性的化学科学实验，或阅读有关读物，探讨新的知识等，可以巩固、加深和扩大课内所获得的知识和技能；培养学生灵活运用所学过的化学知识和技能，使用参考书和利用化学实验独立进行工作的能力；培养钻研精神和创造性能力；发展学生对化学的爱好，树立为四化建设而努力学习的好思想、好作风。

开展化学科技活动对培养从事化学科学工作的人才有很大的作用。事实证明，不少在化学科技活动中表现优异的学生，最后选择了化学作为他终身从事的专业。

此外，班级化学科技活动因为是集体性的课外活动，所以在培养学生爱集体、爱劳动、爱护公共财物、遵守纪律等道德品质方面也起着重要作用。

二、班级开展化学科技活动的内容和形式

（一）内容

化学课外活动内容十分丰富，主要有下述五类：

第一类，以培养学生兴趣、引导学生入门为主。例如介绍有趣的化学事物、化学及其周边学科的重要作用和意义，举办趣味实验表演、化学晚会，组织学生解决不太复杂的化学问题，进行化学探索活动等。

第二类，以配合课堂教学、适当拓宽加深为主。例如组织配合课堂教学的课外阅读活动；配合《溶解和结晶》的教学，组织制作硫酸铜或明矾大晶体；配合《配合物》教学，举办《奇妙的配合物》讲座；配合《气体摩尔体积》教学，组织"气体摩尔体积测定"实验；以及配合化工生产教学组织参观活动等。

第三类，以开发智力、培养拔尖人才为主。例如组织化学竞赛和化学竞赛辅导；组织小论文、小制作活动等。

第四类，以理论联系实际，培养学生手脑并用为主。例如组织化学实验活动、联系生产生活的化学制作活动和实践活动等。

第五类，以科普宣传和社区服务为主。例如举办《真的有鬼火吗?》、《温室气体 CO_2》、《金属与人体健康》等讲座；出版化学小报（板报、墙

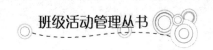

报）；举行塑料制品修补、化学除渍等社区服务活动等。

（二）形式

化学科技活动的形式也多种多样，主要有以下几种。

1. 课外阅读活动

组织学生搜集并阅读化学科普读物、化学学习辅导读物、化学发展史和化学家故事、化学趣闻轶事等，要求学生在认真阅读、思考的基础上写好读书笔记，还可以举行读书报告会、读书笔记展览或者跟出化学板（墙）报等活动配合。

开展课外阅读活动时，教师要做好阅读指导工作，帮助学生选好读物，掌握阅读重点和解答疑难。

2. 化学制作活动

（1）组织学生制作化学标本。例如合金标本、铁的合金标本、石油分馏产品标本、石油化工产品标本、煤的标本、煤化工产品标本、合成高分子材料标本等等。

（2）组织学生收集图片，制作模型、图表幻灯片，摄制录像片等等。例如收集炼铁厂（车间）、炼钢厂（车间）的图片，制作原子结构模型、分子结构模型、食盐水电解槽模型、热交换器模型、绘制课堂教学用的图表等等。

（3）制作常用的简单实验仪器或代用仪器。例如用墨水瓶制作酒精灯、切割大玻璃瓶制作玻璃水槽和钟罩、用小塑料瓶改制滴管、制作水电解仪、溶液导电性试验仪、丁达尔现象演示仪等。

（4）自制化学试剂。例如用废铜制取硫酸铜、氧化铜，用废铁屑制取硫酸亚铁、氧化铁，从废电池中提取二氧化锰等等。

（5）化学工艺制作。例如，用阳极氧化和茜素染料着色法制作铝质"金"星、电镀法制"银"质奖章和"金"质奖章、化学晴雨计、制作银镜、化学刻字、自制蓝黑墨水、冲印照片等等。

3. 化学实验活动

（1）实验基本操作练习。在课内培养实验基本操作的基础上，进一步

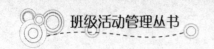

加强实验基本技能的训练。例如玻璃管的加工、分析天平的使用、溶液的配制、仪器装置的连接和设计、化学器皿的洗涤等。

（2）配合课堂教学的实验。例如水的合成、氯气在氢气中的燃烧、化学反应方程式的测定、同分异构体化学性质的比较等等。

（3）关于新技术、新工艺的实验。例如电镀笔的制作和涂镀、电解加工、电铸、塑料电镀、纸版电池制作等。

（4）结合资源利用的实验。例如从海带灰中提取碘、从废定影液中提取银、从薄荷叶中提取薄荷脑、用头发制取胱氨酸、用米泔水制葡萄糖等。

（5）定量分析实验。例如漂白粉中有效氯的测定、黄铜中含铜量的测定、食醋中总酸量的测定、小苏打纯度的测定、化肥有效成分的测定等。

（6）跟生活和卫生保健有关的实验。例如 CO 毒性原因的演示实验、吸烟有害的演示实验、化学去渍、自制豆腐花、照片调色等等。

4. 专题报告或讲座

可以由学生做读书报告，交流心得，也可以请科技人员和教师做化学化工方面的专题报告，介绍化学化工的新成就和新发展、介绍化学知识的应用或者做化学知识科普讲座。例如"火与燃烧"、"什么是臭氧"、"化学与能源"、"彩色照片"的冲洗和"光化学反应原理"等等。

5. 参观活动

参观跟化学有关的生产和科研单位，组织观看有关的科普电影、电视、幻灯、录像、展览会、博物馆等。

6. 化学竞赛

既可以组织学生普遍参加的化学知识竞赛、化学用语竞赛、化学计算竞赛、基本操作竞赛、化学智力竞赛，又可以组织难度较大的、水平较高的选手赛，分多种层次进行，广泛吸引学生参加或参观。

7. 化学表演和化学展览

例如专题实验表演、趣味实验表演、化学实验展览、化学复习展览、我国化学化工发展成就专题展览、化学课外活动成果展览等，要发动广大学生参加筹备和参观。

8. 组织化学晚会、化学活动日（周）、化学夏（冬）令营等活动

这类活动通常综合多种活动内容和方式。例如在化学晚会上可以安排化学相声、化学猜谜、化学魔术、趣味化学表演和化学讲座等；在化学活动日（周）、化学夏（冬）令营里可以组织专题报告、讲座、化学竞赛、化学游艺活动、化学展览、参观、专题研讨、跟化学家见面等活动。

三、开展化学科技活动的原则

班级要想组织和开展好化学科技活动，还须遵循一定的原则。

1. 自愿参加

既然是课外的科技活动，就应该根据学生本人的兴趣、爱好和特长，让学生自愿参加，以充分调动他们参加化学科技活动的自觉性、积极性和主动性，培养他们的主人翁意识。也应该让学生参加诸如活动安排、内容选择等决策性工作，允许发表意见；以民主协商的方式指导课外活动的全过程。

2. 全面育人

在化学科技活动中，既要充分发展学生的兴趣、爱好和特长，增长知识、培养智能，又要使学生在德、智、体、美等方面都得到发展。如在发展专门才能的同时，要注意言传身教，培养学生高尚的道德品质，养成坚毅、刚强的意志品格；提高认识美、理解美和欣赏美的能力；培养热爱劳动、热爱人民和珍惜劳动果实的良好风气；发扬团结互助、合作共事的集体主义精神，使化学科技活动成为全面育人的一个重要阵地。

3. 面向全体与因材施教相结合

开展化学科技活动是全体学生的需要，应该面向全体学生开展。对于那些学习成绩差的学生，只要他们有兴趣，愿意参加，教师就应该给予鼓

励，并为他们创造条件，使他们同样有机会参加感兴趣的活动。实践表明，通过参加课外科技活动，基础差的学生不仅能提高学习成绩，而且能激发学习化学的兴趣，强化学习动机，培养能力，还在学习纪律、思想品质方面也有所提高，形成学习的良性循环。而成绩好的学生，通过活动，使学习成绩进一步提高，聪明才智进一步增长，为成为有用之才打下良好基础。

4. 活动内容坚持联系教材和生活实际

科技活动是课堂教学的延伸和补充。因此，要结合教材开展活动，使学生将学到的知识在实际中应用、巩固、加深和扩展。如果完全脱离教材，另搞一套，那么，有可能加重学生的课外负担。当然，联系教材不能搞成正课的重复和延续，而是有联系、有应用，也有深化、有扩展、有搭桥、有补缺。化学科技活动还要联系学生生活经验，这必将引起学生的亲切感，激发更大的兴趣。例如，酿制糯米酒，制雪花膏、洗印照片等内容。

5. 坚持科学性、思想性与趣味性的结合

化学科技活动是引导学生认识世界、探索科学知识的实践活动，是培养学生热爱化学科学的途径，因此活动本身应该具有一定的科学性和趣味性。如果内容枯燥无味，久而久之，学生的兴趣会减退，科技活动的优越性就难于发挥。例如搞化学知识讲座，除了介绍科学家的伟大贡献和献身精神外，适当安排一两个小故事就会显得更为生动感人。在智力竞赛中插一两个化学谜语或笑话，也能增加竞赛内容的趣味性。在化学晚会中，用熟练的动作、精湛的毫无破绽的技巧表演几个化学魔术，可以大大提高学习化学的兴趣，让学生在有趣的活动中，增加知识，锻炼技能。

6. 坚持重在能力培养

化学科技活动作为因材施教的一个重要措施，必须重在能力的培养方面。要根据学生的特长和不同的活动形式来发展学生的观察能力、思维能力、操作技能和查阅资料的能力。

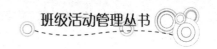

四、化学科技活动的组织和实施

组织化学科技活动要做到"二有"。

1. "有组织"

要开展化学科技活动，其形式既可是固定的化学课外活动小组，又可是临时的专题活动小组；既可是少数人参加的，又可是全体学生都参加的大型集体活动或者个人活动。其中，要以少数人参加、固定性的化学科技活动小组作为化学科技活动的骨干。

2. "有计划"

要统筹兼顾，按学期（或学年）订好化学科技活动计划。活动的内容应具有系统性，避免杂乱，既不受（课内）教学大纲限制，又以课堂教学为基础进行拓展；理论与实践并重、理论与实际相联系；力求科学性、教育性、趣味性、多样性、实用性与可行性统一。

由于各年级学生特点和学习准备状态不同，各年级的内容应有区别。根据一些学校的经验，初中化学科技活动宜以培养化学学习兴趣为重点；高一、高二的化学科技活动以配合课堂教学为主，兼顾其他方面，注意联系实际和发现、培养好"苗子"；高三则注重化学知识技能的系统总结和适当拓宽加深，以及应用化学知识技能解决实际问题。

确定化学科技活动内容要注意因地制宜，积极创造条件，为当地的物质文明和精神文明建设服务。例如，农村中学可以组织跟农副产品深度开发利用、破除迷信、土壤资源调查与改良、化肥和农药的科学使用等有关的化学课外活动；城市中学可以组织参观化工厂、进行社会调查、三"废"回收利用研究以及与保护环境等有关的其他化学课外活动；矿区中学可以组织采集矿石标本、进行化学分析、资源和环境保护；沿海中学可以让学生学习海洋资源的化学开发利用等等。

计划的实施要做到"三落实"：落实活动的时间和地点；落实活动的经费和设备材料；落实指导教师和具体准备工作。每一个活动小组都应有

第四章　科技活动的设计与实施

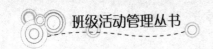

教师负责指导。指导教师可以专任也可以由任课教师兼任，但要提倡化学教师全体参与，把化学科技活动作为化学教研组的一项重要工作经常进行检查、研究，实行集体备课、分头负责。要注意发挥教师特长，可以实行跨年级指导。

此外，开展化学科技活动时要抓好预习环节和讨论环节，让学生多做多想、手脑并用，弄懂有关的科学原理和技术原理，巩固化学基础知识和基本技能，努力提高他们的兴趣水平和认知水平，培养他们的化学思维能力、化学实验能力和应用能力，鼓励学生自主地进行探索，培养他们的创造和开拓精神。还要重视做好安全教育、环保意识教育和思想品德教育，注意培养学生热爱科学、热爱祖国以及艰苦奋斗、勤俭节约的精神，培养他们具有辩证唯物主义观点、高尚的人生理想和道德情操，注意对学生全面地进行考核。

最后，化学科技活动要注重实效、不哗众取宠。对计划执行情况要定期检查，及时发现问题并做出相应调整。对每次活动都应作详细记录和小结，学期结束时要做好总结，做好收集、积累资料和经验总结工作。

【案例】

自制化学电池

一、实验原理

化学反应能够产生电能。

二、实验目的

让学生利用以上原理去设计家庭小实验，通过家庭小实验进一步地理解这部分内容，同时也可以帮助学生更好地理解生活中的干电池的工作原理，提高学生的思维能力与动手操作能力。

三、实验准备

材料：水果或蔬菜（柠檬、苹果、番茄、土豆等）、铁钉（或铁片）、五角钱的硬币（或铜片）

用具：导线、发光二极管（或小灯泡、安培表）

四、实验步骤：

1. 用导线连接铁钉和二极管的负极。

2. 用导线连接硬币和二极管的正极。

3. 将硬币插在柠檬的一侧，将钉子插在另一侧，钉子和硬币不要接触。观察现象并记录在表中。（发光二极管或小灯泡观察亮度，亮度越大越好。安培表观察读数，读数越大越好。）

4. 换一种水果或蔬菜，重复步骤 1～3。观察现象并记录在表中。

实验记录表

步骤	3		
水果或蔬菜	柠檬	苹果	番茄
现象			

五、交流汇报，总结提升

把研究的成果向大家进行交流汇报。汇报形式可采用个人和集体汇报相结合。汇报完后，学生进行提问或者评价，最后教师综合大家的意见，给出结论。

第四章　科技活动的设计与实施

第五章　班级文体活动的设计与实施

　　班级文体活动是班级活动的重要组成部分。事实证明，在班主任的带领下，引导和鼓励广大中小学生积极参加形式多样、生动活泼、健康向上的文娱体育及文化艺术活动，对促进中小学生的全面发展和健康成长有积极作用。丰富多彩的文体活动不仅可以培养学生的创新能力、实践能力和自觉锻炼身体的习惯，而且能够促使集体目标的实现、集体纪律的规范、学生间友谊的发展，在一定程度上标志着集体的形成、发展和巩固。

第一节　文艺活动的设计与实施

前苏联教育家苏霍姆林斯基曾说："在语言已经穷尽的地方，音乐才开始它起作用的领域。那些无法用言语告诉人们的东西，可以用音乐的旋律来诉说。"一个班集体，有书声、有笑声、有歌声，多么生动活泼。

文艺活动是对年轻的心灵起作用的不可替代的手段。每一次班集体文艺活动，就是学生向班集体奋斗目标的一次迈进。每搞好一次班集体文艺活动，就是增强班集体凝聚力的一次契机。

一、班级文艺活动的内容与形式

1. 班级文艺活动的内容来源

（1）与学科教学相结合。

深入挖掘学科中的文艺素材，使文艺活动以生动活泼的形式、灵活机动的安排，渗透在教育教学活动中，以帮助教师达成学习目标，培养学生的创造能力、合作意识等。

（2）与日常生活相结合。

日常生活中有许多内容可以提炼出来，成为学生开展文艺活动的内容。如花草树木、四季景色等都是学生开展文艺活动取之不尽的源泉。

（3）与节日、纪念日相结合。

如与元旦相结合召开"迎新年联欢会"；与国庆节相结合开展"祖国妈妈我爱您"的活动；在中秋节到来之际，可以开展"中秋月儿明"的活动等。活动前应让学生自己寻找相关主题的资料，或挑选、或自编，充分发挥学生的自主创造性，设计安排活动。

（4）根据地区与学校的特点，选择活动素材。

每个地区都有自己的风土人情、名人轶事等，这些都可以成为丰富的教育内容。可以组织学生讲故事、编写剧本，并扮演其中的角色；创设一定的氛围，让学生在参与到这些活动的同时感受到人物的人格魅力，受到感染和熏陶。还可以挖掘学校资源，开展具有学校特色的活动，利用社团活动等演出，形成系列活动。

活动应在学生自愿参与的基础上，引导学生相互合作，共同设计、组织、安排，充分发挥学生的聪明才智，让每个学生都成为班级活动的小主人，教师则应成为学生活动的参与者、合作者、指导者。有条件的话还可以邀请家长成为班级课外辅导员，让家长也参与到班级活动中来，为学生活动的开展出谋划策，增进家长与学校的交流。

2. 班级文艺活动的形式

文艺活动的形式也很丰富，一般来说，主要分为班级联欢会、文艺演出、集体舞与歌咏等。

班级联欢会。包括文艺晚会、生日联欢会、节日联欢会、毕业联欢会等。班级联欢会旨在培养、挖掘学生的文艺才能，给大部分学生当众表演的机会。或唱或跳或朗诵或表演，节目应由学生自己选择，激发每个学生参与表演的兴趣。

文艺演出。文艺演出的形式是丰富多彩的，目的是锻炼学生。节目应该采取学生喜闻乐见的形式，如相声、小品、舞蹈、唱歌等。还应鼓励学生自己创作、自己排练，促进学生之间的交往与合作能力。

集体舞与歌咏。集体舞能活跃班级气氛，欢快的节奏、舒展的动作，给人以一种健康、快乐的感觉。学生比较好动，精力也很充沛，集体舞可以有效地调节学生的情绪，有益身心健康。歌咏活动也比较受学生的欢迎。教师应组织学生选择一些熟悉、易于传唱的歌曲，还可以根据一些节奏明快、朗朗上口的旋律进行重新填词，简单创作后形成新歌。

二、班级文艺活动方案的设计与撰写

班级文艺活动方案的设计要目标明确，过程清楚，语言简洁明了。班级文艺活动方案的组成，主要分为活动的目标、活动的准备、活动的过程和活动的反思四个部分。

1. 目标明确

每个活动的开展都有其特定的意义，有知识方面的，有能力方面的，也有情感方面的，班主任要结合学校的培养目标，针对班级学生的实际情况，根据不同年龄阶段学生文艺活动的特点，确定相关的活动目标。

2. 准备充分

方案中要充分考虑活动的准备工作。要准备的资料从哪里去找；要准备的材料由谁去做；活动的地点安排在哪里比较合适；等等。这些在活动前都要设计在内。此外，还要充分考虑人员的安排，尽量合理、公平，做到人人有岗位，个个有职责。

3. 过程具体

活动地点、活动人员、活动时间、活动内容都要安排好。要切实安排好活动的顺序，哪些活动先开展，哪些活动后开展，要依据活动内容的安排做适当调整。一般来说，要循序渐进。活动量比较大、难度比较高的活动放在后面；难度比较小、比较轻松的活动放在前面。活动类别也要交叉进行。

4. 反思及时

每次活动开展后，教师都要针对活动的开展予以反思。反思学生的表现、活动的设计、活动的效果等。反思的形式也是多样的，可以是日记、个案的分析、教育故事等。

第五章　班级文体活动的设计与实施

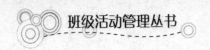

三、班主任在班级文艺活动中扮演的角色

班主任是班级文艺活动的组织者，要善于发现学生特长，激发学生兴趣，培养学生爱好，组织学生从实际出发，确定活动，帮助学生选择活动项目，进行必要的组织，为学生参加活动提供条件，师生互动，积极投身到班集体文艺活动中。

1. 自力更生，力争活动趣味化

组织文艺活动，需要人力、设备、道具，班主任要依靠自己的努力，因陋就简地把活动开展起来，例：排演歌舞《走进新时代》需要火炬，教师组织学生设计，并用红纸做火苗，金纸围住一次性纸杯贴在接力棒上做火苗托，既省钱又实用，既让学生动手又动脑，既让学生做演员，又做舞美设计，真是其乐融融。

2. 能者为师，力争活动多样化

一个班集体好几十学生，班主任要把文艺活动搞得丰富多彩，关键需要一支辅导力量，班主任要充分依靠和运用群众力量，就地取材，能者为师，组织好"辅导员"队伍，培养好班干部，使班集体文艺活动多样化，生动而活泼。

3. 见缝插针，力争活动计划化

班主任对本班的文艺活动要有"长计划，短安排"，首先要有总体计划，必须保证活动的经常性和连续性，使每学期，每项活动各有特点，做到定时间，定地点，定人员，定内容，定指导，同时也防止活动太多太重。其次还要制订具体活动计划，确定教育目的，安排内容程序，提出注意事项，因地制宜，见缝插针地安排好活动。

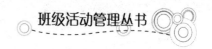

【案例】

"六一"的彩花

一、班会目的

通过本次班会活动，丰富学生的课余生活，增加对花的了解，特别是激励和培养学生奋发向上、不断进取的精神，使他们成为优秀的少年儿童，成为祖国的希望之花。

二、班会准备

1. 选定主持人和扮演角色，并进行排练。

2. 录音机或者影碟机一台，《红领巾之歌》、《前进，快乐的少先队员》歌曲磁带各一盒（CD 也可）。

3. 黑板上书写"六一的彩花"五个美术字。

三、班会程序

班长宣布主题班会开始。

学生甲：春天是花的季节，祖国大地百花争妍。

学生乙："六一"是我们的节日，彩花争艳。

学生甲、乙（合）：在这快乐的节日里，我们献上一束束绚丽多姿的彩花，展示我们的进步与成长。

学生甲：这一束束彩花是少先队员亲手培育的。

学生乙：这一束束彩花，是祖国的花朵向党和人民献上的最香、最美的花中之花。

学生甲：为了扩大同学们的知识面，我们邀请了三位园林专家来参加我们的彩花评比大会。

学生乙：瞧，那不是我们红领巾彩花园的园长圆圆同学吗？她正陪三位专家步入会场，大家热烈欢迎！

圆圆：我是红领巾彩花园园长，名叫圆圆。现在我向大家介绍三位贵客（由同学扮演）。

这位是被誉为国树的银杏爷爷；这位是被誉为国花的牡丹仙子；这位是被誉为国香的兰花姐姐。

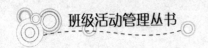

银、牡、兰：亲爱的少先队员们，你们好！

银：我活这么大岁数啦，还是头一次参加"六一"活动，心里很高兴。

牡：我参加过许多节日联欢庆祝活动，而参加"六一"活动使我最快乐。

兰：圆圆，那就快带我们去彩花园赏花评花吧。

圆圆：银杏爷爷，我们的名花精品今天都汇集到这儿啦，就等着向你们汇报，接受你们的考评呢！

牡：那真是好极了。

兰：在"六一"节里，你们用自己培养的彩花来为节日添美、添乐，那比用我们家族的花卉来装点节日气氛更有趣，更有意义。

牡：不过要使你们的彩花品种能列入我国花谱之中，还必须经过严格的挑选和鉴定。我们今天的考评方法是比较、优选中标法，看你们的彩花能不能获园林国颁发的奖状和证书。

圆圆：这样我们还能从中了解大自然更多的美，和更多的鲜花交朋友。

牡：那就由我先来提问吧。

银、兰、学生乙退场。

牡：一年12个月，我们月月有花卉。

学生甲：那就请你先给我们介绍这12位花朋友吧。

音乐声起，12位头戴不同花饰的同学鱼贯而出，造型、亮相。

牡：圆圆，你知道他们的名字，何时该开什么花吗？

圆圆：你是一月迎春花，你是二月杏花，你是三月桃花，你是四月蔷薇花，你是五月石榴花，你是六月荷花，你是七月凤仙花，你是八月桂花，你是九月菊花，你是十月芙蓉，你是十一月水仙花，你是十二月梅花。

圆圆每说对一种，花儿就快活地点头。

牡：小圆圆真不简单，全被你认出来了。那么你们彩花园的花能与她们比美吗？

圆圆：能，12朵彩花快上来，牡丹仙子要与你们见见面。

12朵彩花随音乐声出场后，自我介绍：

我是一月勤学花，我是二月迎新花，我是三月文明花，我是四月探春花，我是五月美育花，我是六月幸福花，我是七月朝阳花，我是八月红星

花，我是九月尊师花，我是十月自理花，我是十一月科普花，我是十二月孔雀花。

牡：这真是月月有活动，月月有目标，月月有提高，彩花盛开月月红。

音乐声起，12个花仙与12朵彩花跳起舞蹈。

学生乙：兰花姐姐，你的考题是什么？

兰：我的题目有点难，恐怕你们答不上来。

学生乙：你别瞧不起我们这些小小园艺师，"公关不怕难"可是我们的看家本领。

兰：那请你们说说我们花卉家族中有哪五种特异功能？

学生乙：这……，还是请你给我们介绍介绍吧。

兰：这五种特异功能是：一会报警，二会报时，三会报雨，四会发光，五会变色。

学生乙：真有这些奇特的本领？

兰：（手拿相册，一幅幅地介绍），这是开在火山上的报警花，火山爆发前，它就开出美丽的花朵，警告人们马上离开危险区。这是报时花，它有好几种颜色。每天早晨8时左右开出淡黄色的花，中午12时开出橙红色蝶形花，下午6时开出灰色烛形花。

学生乙：那人们不用看钟表，就能知道是几点了，真是太有趣了。

兰：这是报雨花，当空气中湿度升高，报雨花的花瓣就萎缩包卷起来，告诉人们出门要带雨具。当空气湿度降低时，它又重新舒展花瓣，开得特别精神，告诉人们雨停止了，天气由多云转到晴。

学生乙：报雨花真是一名出色的气象预报员。

兰：这是夜王后，花蕊中会发出亮光。这是变色花，它从花开到花落，一朵花的花色会由淡红色渐变成白色、粉红色、大红色、玫瑰色这五种颜色。

学生乙：兰花姐姐，你们花卉家族的特异功能真是太奇妙了。

兰：看来你们彩花园的花比不上我们了吧。

学生乙：请你先别下结论。我们也精心培育了五种特异功能更强的"五自"花。

第五章　班级文体活动的设计与实施

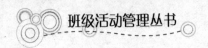

兰：那就快让我欣赏欣赏。

学生乙："五自"彩花快上来，兰花姐姐要和你们见见面。

众彩花齐说：我们来了。

音乐声中五位同学胸前挂五种不同的花标走上台来。

兰：我参加过许多次全国性的大型花展，到过许多花圃，可从未见过这种花，他们究竟有什么独特的功能呢？

学生乙：那就请听她们的介绍吧！

我是一朵"自力"花，自己的事情自己做；

我是一朵"创造"花，自己的活动自己搞；

我是一朵"互助"花，自己的同学自己帮；

我是一朵"争气"花，自己的进步自己争；

我是一朵"建业"花，自己的事业自己建。

兰：不简单，不简单，"五自"花开超群芳。

银：我国有许多名花异卉，你们的彩花要进入我们的花卉族行列，还得和我们的十大名花比一比。

圆圆：我想，我们的彩花珍品定能与你们比美。为了向"六一"献礼，我校已经评出"十大名花"：

礼貌花　守纪花　友爱花　卫生花　进步花

活泼花　健康花　勤劳花　求知花　爱校花

下面请看她们精彩的汇报表演。

同学们接二连三地上台，用小品、体育表演、劳技操作表演、朗诵、小话剧等各种形式汇报这十个方面的成绩。

圆圆：银杏爷爷、兰花姐姐、牡丹仙子，请将评选结果告诉我们吧！

银：好，我代表名花评选委员会宣布，同意将你们彩花园的名花列入花卉家族的名花谱之列！

学生全体鼓掌。

学生甲、乙：在这快乐的日子里，让我们用歌声来表达我们永远进取的决心吧！

全体同学唱起《前进，快乐的少先队员》。

第二节 体育活动的设计与实施

课外体育活动是面向全体学生、保障学生健康成长的重要手段，是学生进行身体锻炼的重要途径和体育课堂教学的延伸。它不仅可以丰富学生的课余生活，充分发挥课外活动育德、促智、健体、审美的整体功能，挖掘和整合体育资源，还能促进学生全面和谐发展，减轻学生课业负担，丰富学生校园生活，增强学生体质。

一、开展体育课外活动的意义

1. 学生终身体育发展的需要

叶圣陶先生说过："什么是教育？简单一句话就是养成习惯"。这些习惯的形式，创新意识的培养不仅是在体育课堂上的重复练习，而更重要是在课外更多时间的学习、训练，让学生在不同的环境下用学到的东西创造性地解决将来可能遇到的问题，开展中小学课外体育活动是符合这方面的要求的。

2. 学生身心发展的需要

《全民健康计划纲要》明确指出，全民健身的主体是青少年，也就是我国各级学校的在校学生。中小学开展课外体育活动也与全民健身计划是一致的。

3. 延伸体育课堂，克服体育活动时间的不足

开展中小学课外体育活动，可以弥补学生正常上课期间活动时间不

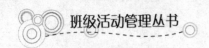
足，使学生熟悉掌握运动技术或形成"一技之长"；可以丰富课余生活；可以培养良好的兴趣爱好，同时，也符合"健康第一"的指导思想，锻炼学生的体魄。

4. 促进学校体育整体协调发展，为竞技体育培养后备人才

开展中小学课外体育活动，也利于挖掘、发现有运动天赋的学生，促使其迅速成长，为国家源源不断地输送竞技运动后备力量，对有效解决我国竞技运动发展中存在后备人才缺乏、后劲不足的老大难问题具有现实意义。

二、班级体育活动的形式

1. 竞技性班级体育活动

参赛学生有性别、年龄、人数的要求，按照统一的活动方法与活动规则进行比赛与计分，最后决出名次。

2. 娱乐性班级体育活动

参赛人数没有严格规定，也没有严格的活动规则，只要参与的学生玩得高兴就可以了。

3. 健身性班级体育活动

以田径运动中的走、跑、跳、投四种运动形式为主，加上体操、球类、水、冰等基本运动形式，或加上学生生活技能、劳动技能的运动方式进行活动。因此，能有效地提高学生健康水平，增强体质。

三、如何开展好课外体育活动

1. 制定方案

通过讨论、交流，确立活动框架，并根据框架进行活动内容开发的实

践研究，课题组将在实践中不断积累经验，发现活动中的问题，调整增删活动内容、活动方法，并在不同时期对部分学生进行跟踪调查、案例分析，以实践积累——修改调整——再实践检验——再修改调整的循环方式进行研究，最终形成完整的活动实施方案。还可以通过个案研究、案例分析以及跟踪调查等手段，检验实践过程中活动方案的合理性与可行性。

班级体育活动方案应由以下几个方面组成：活动的名称、活动的目的、活动的准备、活动的方法、活动的规则、注意事项，等等。

（1）活动的名称

活动名称的确定，要有教育意义。活动的名称应该生动、直观、形象。除根据活动的内容外，还应该根据参与学生的年龄特征和知识水平而定，不应超出他们所具有的知识范围。

（2）活动的目的

根据体育活动的方法与内容，指出重点发展的某项身体素质，或是提高生活技能、劳动技能、健身和康复的效果。通过班级体育竞赛活动，还要指出本活动的教育作用，如培养参与者较强的竞争意识、吃苦精神、战术观念、道德规范和良好的心理素质等。

（3）活动的准备

活动的准备是为了顺利而有成效地进行活动。准备工作充分与否在一定程度上关系着活动是否能够正常进行。准备工作应包括场地的布置、队形的排列、教具的分配、分发器材的方法、器材的安置分布等。活动的场地一般是在学校的运动场、公园平坦的草地上、校外风景优美的空地上进行。另外，在体育馆、体操馆、大厅或走廊亦可进行。所需场地的大小，根据参与学生的人数多少和其他条件而定。班级体育活动并无固定的设备，在器材和用具方面，除尽可能利用其他运动器材设备外，还可以制作一些专用的器具，如彩带、小皮球、木棒、火棒、小圆木柱、接力棒、绳索、沙袋球、画线器等。场地、器材在活动前应做好准备。

（4）活动的方法

活动方法是活动过程中的主要部分，应该清楚明白地用文字把活动从开始到结束这一过程表述出来，以利于活动顺利进行。

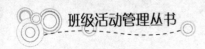

（5）活动的规则

规则的制订，是为了保证班级体育活动顺利进行，另一方面也可以防止出现粗野行为，培养学生守纪律的精神和道德品质。活动的规则有简有繁。规则的简繁主要是根据学生的年龄、身体状况、场地、器材的情况和训练水平而制订的。活动的规则应力求简单、具体、明确，规则条文的多少，应视学生的水平而定。参与的学生必须严格遵守活动规则，但规则的制订，要使参与的学生在活动过程中不受阻碍地、更好地发挥他们的技能和智能。

2. 活动原则

提倡统一性和灵活性相结合、主导性和主体性相结合、师生互动，共同参与。使师生形成人人想参与、个个喜欢活动内容，让学生在活动中充分地愉悦身心，使学生心理机能、运动能力和身体素质都得到相应的锻炼和发展。原则上在下午放学后进行，每学期对活动情况进行比赛。

3. 注意事项

在课外体育活动内容的组织安排上，要多种多样、丰富多彩，以满足学生的不同兴趣与爱好，有利于吸引学生积极参加体育活动。安排课外体育活动的项目内容时应注意下列几点：

（1）因地制宜，因陋就简，鼓励孩子们开动脑筋，张开理想的翅膀，自制学具，开拓创新。让学生们自主选择，玩他们喜闻乐见的游戏。

（2）自编校本教材，在实践教材中突出趣味性和实用性。使全体学生都能体验体育的乐趣。在内容上更注意科学性、指导性和时代性，选择有利于身心健康并能有效的指导终身锻炼的知识为主，达到增强体育与健康意识，提高其锻炼身体的情绪动力。

（3）要根据本地区、本校的传统项目，采用多种手段和形式，编成成套练习，在课外体育活动时进行锻炼。如武术操、篮球操等。一些简单易行，群众喜爱的乡土项目也可安排，如跳皮筋、丢沙包、滚铁环、踢毽子、爬杆以及飞碟、舞蹈等。为了使课外体育活动开展得生动活泼，提高学生的兴趣，还可定期开展体育竞赛，如田径、球类活动、绳、操和有一

定竞争性游戏。要把奔跑性游戏、投掷性游戏、跳跃性游戏、负重性游戏与对抗性游戏等穿插搭配进行，以促使学生身体的全面发展。

（4）安排课外体育活动内容时，还应注意与《学生体质健康标准》的项目内容相结合。如 50 米跑、25 米计时往返跑、100 米跑、1 分钟跳绳、1000 米跑、1500 米跑、400 米跑、800 米跑、100 米游泳、滑冰、跳高、跳远、掷实心球、推铅球、爬竿、1 分钟仰卧起坐、引体向上、举重物等。这些项目简便易行，锻炼实效价值大，学生通过一定时期的锻炼后，能够达到相应等级标准的要求。

（5）课外体育活动课可以采用以专职体育教师为主，以在体育方面有爱好并有一技之长的非专职教师为辅的方式，组建课外活动指导队伍（也可以聘请校外人士参加），以学生自愿参加的形式组成各种兴趣小组或队的形式进行活动。

（6）在活动中要注意加强保护和帮助，避免学生发生伤害事故。因为一旦发生伤害事故，学生便会产生畏惧情绪，如此就很难培养学生的体育兴趣了。

（7）在班级体育活动的实施中，教师要依据实施计划准备好场地和器材，考虑好参与学生的分组及在场地上的队形和站位、裁判员的站位、活动方法及规则，要有利于激发学生竞争中的情绪。首先要向参与的学生讲清活动的名称、活动的目的意义，然后讲述活动方法与活动规则、计分与奖励办法、注意事项。讲述时要语言逻辑性强并突出活动方法及规则的重点难点，接着将体育活动方法进行一次完整的示范，等裁判员站位后，给参与的学生约 2~3 分钟的准备时间，然后组织教师实施活动。

【案例】

趣味运动会

一、活动目的

为丰富学生的课外生活，培养积极参与的热情和团队合作意识，同

第五章 班级文体活动的设计与实施

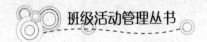

时，促进校园文化氛围。

二、活动地点

学校篮球场

三、活动程序

1. 袋鼠跳跳跳

2. 抛绣球

3. 比一比谁胃口大

4. 四人五脚

四、活动规则

1. 袋鼠跳跳跳

①每一组两人，四组一队

②道具：蛇皮袋（4个），玫瑰

③两人分别站于相隔100米的两条线外，第一人站于一线外，并站在蛇皮袋中，口中咬着一枝玫瑰，听到口哨声后，立即手提着袋子跳向第二人，当到达第二根线时，第一人让玫瑰给第二人咬着，并且两人站到同一袋子，一起跳回第一根线，先到着为胜。

2. 抛绣球

①每组两人，三组一对

②道具：蛇皮袋（3个），篮球（30个）

③接球者站于距抛球者3米之外的线之外用蛇皮接球，接、抛球者超出线外抛球、接住球，不算计入成绩。抛球者只能用袋子接，否则接住的球亦不计入成绩。

④抛出十个球，在规定的90分钟之内接到球多的为胜。

3. 比一比谁胃口大

①三人一组，四组一队

②道具：眼罩（4个），食品

③两人分别站于相隔10米的两条线外，一人手捧一袋食品，蒙着眼睛，转五个圈，听到哨声后，由一人指引到达第三人面前，喂东西给第三人吃，在规定的三分钟之内，看哪一组默契最好，吃的东西最多为胜。

④吃东西的人在比赛中不能作声，随第一人怎么喂东西给他吃，而第一人由第二人指引。

4. 四人五脚

①四人一组，三组一对

②道具：棉绳 10 根

③赛长 50 米，四人站成一排，用棉绳将中间的两只脚绑在一起，最先到达的队伍获胜。

五、活动工作人员的安排

1. 活动总策划

2. 活动现场负责人员

①活动现场主要负责人

②各具体项目负责人

③裁判和记录人员

④主持人

⑤奖品分发者

3. 道具搬运人员

第三节　游戏活动的设计与实施

游戏是儿童的天性，班级游戏活动是学生最喜爱的一种活动。初中阶段的学生兴趣爱好日益广泛，求知欲与好奇心强烈，富有理想，热爱生活，积极向上，乐于参加各种创造性活动，对于竞争性、冒险性和趣味性的活动更是乐此不疲。因此，班主任一定要把游戏作为班级活动的重要内容，使游戏发挥其应有的教育作用。

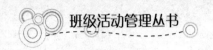

一、游戏活动的组织形式

组织游戏活动，主要由两个方面的因素决定。第一，为不同年龄的学生选择不同内容的游戏；第二，不同场合，不同地点，不同季节，选择的游戏也应有所不同。

（一）从组织形式上看，学生游戏活动设计可以分为四类。

1. 课间游戏活动

课间 10 分钟时间虽然短促，但开展好课间游戏活动却十分重要，它能使学生得到积极的休息。课间游戏应简单易行，玩到什么时候都可以随时终止。所以，班主任可以发动学生一起来精心设计和积极创造这类游戏，还可以从现有的为大家所喜爱的课间游戏中挑选一些进行加工改进，普及推广。

2. 班级、小组集体游戏

这类集体游戏是在中、小队活动时间里举行的或在夏令营、冬令营里进行。这类游戏一般带有竞赛性质，内容比较复杂，玩的时间也较长。多为规则性的军事游戏，十分适合在中队活动中开展。

3. 班级游戏宫

学校大队部和班级应创造条件开辟游戏宫，经常向学生开放。利用教室布置临时性的游戏宫，供学生在节日或假期里活动。游戏宫的布置要充分发动学生，并可比一比哪个班级布置得新颖、有趣。

4. 学校游戏节

游戏节是学生进行游戏的节日。在这一天里，学校大队部可以举行各种游戏活动。大队游戏节，既是少先队平日游戏活动的大检阅，又可以推动、丰富和发展经常性的游戏活动。游戏节是学生喜爱的活动之一，可年年定期举行，形成传统。

（二）从游戏类型上看，学生游戏活动可以分为五大类，每一类的设

班级活动的设计与实施

计着眼点和设计思路也有明显的差异。

1. 热身游戏

热身游戏有趣、简易、无竞争性，具有培养气氛、安定情绪等作用。其目的在于引起伙伴参与活动的热情和集中精神，有效地开展各类教育活动。

设计此类游戏时要注意以下四点。

（1）规则简单

提供全体参与活动的机会，对于内向害羞和新进的陌生伙伴，通过参与活动使其很快融入集体。

（2）玩法容易

通常在集会或活动开始时实施，便于消耗部分体力，冬季可兼作热身活动。

（3）竞争性不强

依参加者年龄特点而采用不同的方式，低中年级以体力消耗性游戏为主，以便他们能快速融入环境中；高年级及初中队员以心理游戏为佳，便于瓦解彼此心中的自收情结，进而相互认同，彼此信任。

（4）提供接触

安排参与者做大量肢体的或心理上的接触，并提供一种可以控制的混乱情境，使伙伴们在不知不觉中融入这个团体。

设计、使用这类游戏时要注意仔细了解游戏的目标所在，这样才能保证具有针对性，还要考虑到具体的游戏是否适合学生的类型与特点，是否与活动目标相符等。

2. 技能游戏

通过这类游戏，学生可以掌握简单的生活技能，锻炼了动手能力。设计这类游戏时重点要注意以下几点。

（1）兴趣第一

游戏的主要目标是激发学生的学习兴趣，通过学生的积极参与，让他们在不知不觉中掌握一些相关的知识技能。

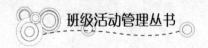

（2）简便易行

规则要简单，玩法要多样，而且对体力、思维的要求不能太高，注意与他们的身心特点相吻合。

（3）注重整合

和新课程改革倡导的综合实践活动一样，游戏要与学科内容整合、与少先队活动整合、与生活常识整合，达到一举两得，甚至一举多得的目标。

（4）精心组织

要注意找准结合点，不能胡乱凑合、生搬硬套。做好充分的准备，特别是道具的选择与使用，在确保安全的前提下使用。

3. 竞赛游戏

竞赛游戏大多采用接力形式进行。接力活动可以让每一个成员都有机会参与，而且在竞赛的过程中，队员们一方面要参与接力，另一方面则要替同队的伙伴加油，有利于促进小团队的合作，培养集体荣誉感。

竞赛接力游戏虽然种类繁多，但实际上只要掌握"人、事、时、地、物"五大要素，就能掌握其设计要诀。

（1）人的因素

根据队员生理、心理等各方面的成熟程度设定游戏难度的上限。这是游戏设计时应充分考虑的首要条件。

（2）事的因素

以参与者身心为前提，以游戏活动目的为中心，设定游戏类型"范围"。根据这个范围，列出适合参与者操作实施的事项（包括肢体的操作及心智的运用等）。

（3）物的因素

在考虑"人、事"因素后，"物"的因素应优先加以考虑：是设计需要器材的游戏还是不需要器材的？若不需要器材，则主要考虑人、事两项因素，以人的肢体、心智作为天然无形的器材。若需要器材，就要考虑以下条件：器材是自然环境下随手可得的，还是需要配合时令季节或特殊环境下才能取得，或者是需要事先购买的等。此外，是否需事先准备布置、

是否符合孩子的需求等因素也要考虑。

（4）"时"与"地"的因素

在考虑了"人、事、物"因素后，还要考虑其"时令"与"场地天气"等因素，加以任意搭配组合，变化出丰富精彩的新游戏。

设计、实施时还需要考虑的问题：

①器材来源

自然环境取得。特别是户外活动，大自然的许多东西都可以巧妙利用。在经费许可的范围之内，购置一些器材来进行游戏亦是可行的。

②操作方式

以参与者的身心成熟程度为基础，在考虑器材本身的安全性（成分）、外观（颜色、形状、大小）、物质特性（软硬、轻重）及可能用途之后，运用想象力大胆假设，"无中生有"、"有中生新"，创设出一个个新奇有趣的游戏来。

③行进方式

包括：走（跑）——脚尖走、脚跟走、内八字走、企鹅走、侧滑步等；跳——单脚跳、交替单脚跳、双脚并步跳等；爬——手脚着地爬行、贴地爬行、身体上仰爬行、模仿动物爬行等；双人配合——并肩同向行进、并肩反向行进、背负行进等。

4. 合作游戏

合作游戏主要分为"使用器材"与"不使用器材"两大类，分成小团队，在场地、器材同等的条件下，进行公平的竞争，在活动中提升学生交流与合作的基本能力，培养团队精神。

此类游戏有较强的竞争性，公平、公正才能服众。因此，在说明规则后，应安排示范、演练一次，并立即纠正发现的错误，让全体成员都明白规则。

为避免因竞争白热化导致"反教育"效果，在游戏过程中应具体要求参与者保持良好的运动精神。甚至有的游戏在讨论时就要淡化学生的"胜负观"，注重的是团队合作的方法、过程、经验、效果的归纳，为培养他们合作的方法与技能打下基础。

第五章 班级文体活动的设计与实施

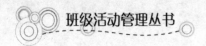

设计合作游戏的要点有：

（1）大胆假设

可以异想天开地放手去想、漫天幻想，要想得奇、想得妙、想得怪、想得深。

（2）小心求证

在不违背"活动安全"、"活动目的"两大原则下，协调考虑参加游戏的人、事、物等因素，设计出富有新意、具体可行、简单有效而又不至于荒唐、危险的游戏。

【案例】

谁比谁重要

一、活动目的

1. 针对现在独生子女自我意识较强的现象，通过游戏使学生懂得合作的意义，掌握与人合作的方式。

2. 通过游戏，使学生感受到集体活动的快乐，培养学生的合群性，懂得每个人各有所长，应学会取长补短。

3. 通过游戏，让学生明白同学间的合作和协调是使集体和谐的重要因素，培养学生的协同合作能力。

二、活动准备

相同面积的白纸若干、挂图、小口玻璃瓶一个、细线五条、乒乓球五个。

三、活动步骤

活动（一）：试一试

1. 师：今天，我们来做个有趣的小游戏。

2. 师准备一个瓶颈较细仅容一个乒乓球通过的小口玻璃瓶，再用五根细线系住乒乓球，把球放入瓶中。然后请五名学生上台，每人分别捏住一根细线。师事先不提醒学生，引导学生自由表现，并引导其他学生认真观察、思考，在游戏之后请大家一起讨论，回答老师的问题。

3. 师渲染情境：这玻璃瓶代表一口枯井，你们捏着的乒乓球分别代表你们自己。有一天，你们几个好朋友一起到枯井里去玩。枯井里好多落叶，好好玩呀！可是，就在你们玩得正高兴的时候，枯井里突然冒出水来了（师边说边往瓶里倒水）。水越升越高，哎呀，危险！快逃呀，不然就没命了！快！赶快逃……

4. 针对游戏的结果，根据成败分析原因，找出秘诀。

5. 师小结：每个人生活在世界上，都离不开与他人的交往与合作。许多事情，只有大家合作，才可能顺利完成。也只有心中有他人，合作才会成功。

6. 让学生再做一次这个游戏，感受合作的重要性。

活动（二）：玩一玩

老师引入：合作是人与人之间的重要交往手段，会合作的人往往在做事中可以达到事半功倍的效果。那么，大家会合作吗？让我们一起来做几个游戏，在游戏中学习合作，好吗？

"传纸"游戏

1. 拿出准备好的面积大于双脚的纸，每张纸面积相等。

2. 师：在很多情况下，我们都在做别人的助手，别人也在做我们的助手，因为人和人之间都要合作与协作才能做得很棒，现在我们就来看看大家可不可以通过合作与协作获得成功。

3. 师宣布游戏规则：每组6人，男女生各三个。每人脚下踩纸一张，最后一个手里面还拿一张纸。把这张纸依次向前传至第一人，放在前方脚能跨到的地方，踩上去。后面的人依次向前移动，最后的一个人再将空出来的纸往前传，依次重复，看哪一组先到终点。

4. 师提醒学生：传纸必须是后一个学生传到前一个那儿，不可跳过任何一个人。任何人的脚不可以落在地上，要始终落在纸上。不可跳，只能跨。

5. 进行游戏。

6. 游戏后分组讨论：几个人怎样才能共同做好一件事？在活动中每一个人是不是同样重要？大家可以怎样相处？

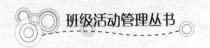

"抓俘房"游戏

1. 师讲解游戏规则

①全班自愿分成两大组，每组学生带上代表同组的标志。

②以操场上的两个足球禁区作为大本营。

③俘房只有在同组队员拍手帮助后，才可返回大本营，游戏以2分钟为有效时间。

④评分标准：有一个学生留在对方大本营中扣1分。哪个小组大本营中人数多，即获胜。

2. 游戏过程

①游戏在小足球场内进行，越出场外算犯规。

②每组学生自己商量如何合作，谁追俘房，谁看守俘房，如何躲避追逐。

③一组学生先逃，另一组学生追。抓住俘房带回自己的大本营，保护起来。

④被俘者只有在同组队员的营救后，方可逃回。

⑤2分钟后，两组互换角色进行。

3. 活动讨论

①同学们玩得怎样？为什么这样开心？

②获胜组队员谈谈，在同样时间内，为什么能捉住这么多"俘房"？

③试想，如果都是体力强的同学一组或都是体力弱的同学一组会怎么样？你觉得哪种形式更好？为什么？

4. 师小结：每个人都有自己的长处和短处，我们在合作中要懂得取长补短，分工合作，这样才能把事情办得更好。

活动（三）：想一想

1. 出示挂图，引导学生仔细观察，从中寻找规律性的东西。

2. 师：请大家仔细看图，看看图上发生了什么样的情况，如果是你遇到图上所发生的情况，你会怎么做？为什么？

共四幅图，分别画的是：

①在上坡路上，大家都在推着一辆载满货物的推车，可还是推不

上去。

②"洁、齐、美"教室的评比活动就要开始了，大家都围在一起为怎么布置教室想办法。

③教室布置需要挂彩画，谁来画呢？

④下雨天，教室地板被每个同学踩得很脏。

3. 引导学生讨论，知道在上述情景中，应该是"我也来帮一把"、"我也能出点主意"、"我来干这件事"、"我也有责任"。

4. 师小结：在合作中，主动性往往取决于我们自己，要把握住合作的机会，懂得互助、献智、争先、负责，才能处理好与同学的合作关系。

活动（四）：做一做

1. 师：现在咱们来玩一个组句游戏。请每组的每个同学在这张纸条上各写一个字，然后拼成一句完整的话。

注意：谁和谁都不能商量，只能用自己的眼睛去看，用自己的脑子去想，前面一个人写词时尽量为后面一个人留有发挥的余地。

2. 发给每组第一个同学一张纸条。

发令：游戏开始。

3. 收回纸条，让每组第一个同学大声朗读本组的句子。

4. 允许学生为句子中出现的笑话欢乐 1 分钟。

5. 引导学生交流讨论，为什么有的同学组句子没组好？有的同学能把句子组完整，他们是怎么做到的？

6. 师：孩子们，你们从这个游戏中懂得了一个什么道理？

四、教师总结

师：今天的活动使我们懂得了做事和我们在游戏中出现的情况一样，只有大家齐心协力，配合默契，才能合作成功。谁也不比谁更重要，你我同样重要！如果大家懂得争取合作的机会，懂得利用各自的优点，懂得相互取长补短，懂得在合作时心中有他人，尤其是人多时，积极配合好，大家心往一处想，力往一处使，就更能取得成功！

第六章　心理辅导活动的设计与实施

　　班级心理辅导活动课是指以班级为单位，遵循学生的心理发展规律，运用团体心理辅导的理念和技术，对全班学生实施预防性和发展性的心理健康教育的活动课。它并不是单纯传授心理学知识的课，而是一种帮助学生学会自己解决成长过程中的发展性问题，促进学生开发自身发展潜能的活动课。

第一节　学生心理辅导活动概述

对学生进行心理健康教育，班主任应是主力军，这是新时期赋予班主任的新职责。那么，班主任应该怎样开展学生心理辅导活动？首先，我们需要来了解有关心理健康教育的基本知识。

一、心理健康教育的含义

1. 什么是心理健康

心理健康是指一种良好的持续的心理状态与过程，表现为个人具有生命的活力、积极的内心体验、良好的社会适应性，能够有效地发挥个人的身心潜力以及作为社会一员的积极社会功能。所以，心理健康不仅指没有心理疾病或变态，不仅指个体社会生活适应良好，还指人格的完善和心理潜能的充分发挥。目前在我国，心理健康既指心理健康状态，也指维持心理健康、预防心理障碍或行为问题，进而全面提高人的心理素质的过程。

2. 什么是心理健康教育

中小学心理健康教育是根据中小学生生理、心理发展特点，运用有关心理教育方法和手段，培养学生良好的心理素质，促进学生身心全面和谐发展和素质全面提高的教育活动，是素质教育的重要组成部分，是培养跨世纪高质量人才的重要环节。

二、心理健康教育的目标

心理健康教育的总目标是：提高全体学生的心理素质，充分开发他们

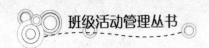

的潜能，培养学生乐观、向上的心理品质，促进学生人格的健全发展。

心理健康教育的具体目标是：使学生不断正确认识自我，增强调控自我、承受挫折、适应环境的能力；培养学生健全的人格和良好的个性心理品质；对少数有心理困扰或心理障碍的学生，给予科学有效的心理咨询和辅导，使他们尽快摆脱障碍，调节自我，提高心理健康水平，增强自我教育能力。

三、心理健康教育的主要内容

心理健康教育的主要内容包括：普及心理健康基本知识，树立心理健康意识，了解简单的心理调节方法，认识心理异常现象，以及初步掌握心理保健常识。其重点是学会学习、人际交往、升学择业以及生活和社会适应等方面的常识。

不同阶段的学生心理健康教育内容各有侧重。

小学低年级心理健康教育主要内容为：帮助学生适应新的环境、新的集体、新的学习生活与感受学习知识的乐趣；乐于与老师、同学交往，在谦让、友善的交往中体验友情。

小学中、高年级心理健康教育主要内容为：帮助学生在学习生活中品尝解决困难的快乐，调整学习心态，提高学习兴趣与自信心，正确对待自己的学习成绩，克服厌学心理，体验学习成功的乐趣，培养面临毕业升学的进取态度；培养集体意识，在班级活动中，善于与更多的同学交往，培养健全开朗、合群、乐学、自立的健康人格，培养自主自动参与活动的能力。

初中年级心理健康教育主要内容为：帮助学生适应中学的学习环境和学习要求，培养正确的学习观念，发展其学习能力，改善学习方法；把握升学选择的方向；了解自己，学会克服青春期的烦恼，逐步学会调节和控制自己的情绪，抑制自己的冲动行为；加强自我认识，客观地评价自己，积极与同学、老师和家长进行有效的沟通；逐步适应生活和社会的各种变化，培养对挫折的耐受能力。

高中年级心理健康教育主要内容为：帮助学生具有适应高中学习环境的能力，发展创造性思维，充分开发学习的潜能，在克服困难取得成绩的

班级活动的设计与实施

学习生活中获得情感体验；在了解自己的能力、特长、兴趣和社会就业条件的基础上，确立自己的职业志向，进行职业的选择和准备；正确认识自己的人际关系的状况，正确对待和异性伙伴的交往，建立对他人的积极情感反应和体验。提高承受挫折和应对挫折的能力，形成良好的意志品质。

四、班主任实施心理辅导活动的优势

就我国目前学校采用的班级授课制，及赋予班主任的班级管理职责来说，班主任若能成为学生心理健康教育的主要力量则是最理想的。事实上，在实际工作中，班主任从事心理健康辅导也有其独特的优势。

1. 鲜明的针对性

班主任接触学生机会多，因而对学生了解全面、深入，能及时察觉学生的心理变化，容易发现学生的不良心理倾向，然后，根据本班的整体情况和突出问题、学生特点开展班级心理健康教育活动。

2. 氛围营造的便利性

学生心理健康水平往往是学生个性心理特点和环境互动作用的结果。作为管理者的班主任可以为学生营造一个和谐的班级氛围来消除环境的不良刺激，达到培养学生良好心理素质、开发学生心理潜能、防治学生心理问题的目的。

在班级氛围营造方面，班主任因其管理者的角色地位，比其他一般任课教师、专职心理教师更容易、更方便营造出预期的班级氛围。如一般重点高中的学生刚入校时，常处于生理、心理成长的"暴风骤雨"期。这些学生多数是初中学习的佼佼者，进入重点高中后，不仅要适应该年龄段本身需面对的自身成长的压力，还要适应更为激烈的学习竞争，接受自己目前在班级中的相对位置。但有的学生根本不能理解"为什么在初中，即使不怎么努力也可以轻松拿第一名，可是在高中，再怎么努力，成绩都不理想"，由原来的备受教师和同学瞩目变得"平凡得不能再平凡"。这种极大的心理落差导致原本非常自信、自尊的学生变得痛苦、自卑。内心的自卑

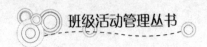

时时刻刻提醒他们，自己和别人是不一样的，是不被关注而受歧视的人。这时候，就需要班主任引导学生以动态、发展的眼光看待自己和自己面对的现实，同时为他们营造一个宽松、和谐、友好、互助的班级氛围，在以合作为前提的良性竞争中共同进步。

3. 实施的系统性

（1）班主任作为一个班集体的引领者，有利于调动多方力量，形成合力，共同作用于学生的心理健康教育。这里的多方力量，包括学生生活所处的社区、任课教师、家长、班级同学等方面。

显然，相对于其他心理健康教育者，学校中班主任更容易充分运用家庭、学校、班级多方力量，给被辅导学生建立一个良好的社会支持系统，表现出心理健康教育的系统性。

（2）班主任与学生接触的时间最长，便于对学生进行系统辅导。在学校中，班主任一般长期带班，初高中一般为三年，小学有可能长达六年，只有班主任可以长期不间断地陪在学生身边，可以根据本班学生各阶段的特点和出现的问题进行全程式的系统心理健康教育。

五、班主任实施心理辅导活动的原则

班主任实施心理辅导活动的原则是指班主任对班级学生开展心理辅导活动整个过程中应该遵循的一些基本指导思想。

1. 面向全体学生原则

素质教育的内涵之一就是要求所有学生的素质都要能够得到提高，达到某一阶段所提出的素质标准和要求，因而学校心理健康辅导也应以大多数乃至全体学生的心理素质水平的提高为基本出发点和根本归宿。它既不是"精英教育"，以少数所谓"尖子"学生为工作对象；又不像单纯的心理咨询和心理治疗那样，以存在心理障碍的少数学生为对象。心理健康辅导要面向全体学生还在于当我们对全体学生心理教育工作做得富有成效时，个别学生心理问题的发生率会大大降低，或出现的问题更易于解决。

班级活动的设计与实施

2. 预防与发展相结合原则

学校心理健康教育的功能分为三个层次：矫治、预防和发展。矫治功能是解决个别学生已经形成的心理和行为问题，如强迫症、自闭症、抑郁症等。预防功能指帮助学生形成正确认知，学会用有效、合理的方式满足自己的需要，提高人际交往水平，学习自主应付生活中各种心理困扰，防止心理问题产生，保持正常的生活秩序与学习状态。发展功能指培养积极的心理品质，如自尊、自信、坚韧等，充分发挥个人潜能，过健康、充实、有意义的生活。

班主任实施心理健康教育，应是预防、发展重于矫治。这首先是由心理健康教育是以全体学生为工作对象这一特点决定，出现心理和行为问题的学生毕竟是少数；其次也是因为就专业素养而言，班主任目前还难以深入到"心理治疗"的层次；而从根本上来说，还是由于预防、发展比矫治更具有积极意义，因为任何严重的心理问题与行为偏差的产生都有一个发展过程。青少年在成长过程中难免有各种不顺与不适，遭遇失败与挫折，如学业不理想、家庭破裂、与他人人际关系紧张等，在此时，如果没有及时的心理帮助，加上个人性格的因素，心理阴影日积月累，最后可能导致心理疾患的产生。若个体在遭遇逆境时，施以及时而恰当的心理健康教育措施，可以帮助当事人脱离困境，使其回到正常生活轨道，这比等到当事人已经有了严重的心理问题再来矫治要有效得多，解决问题也要彻底得多。

以处于成长与发展时期的青少年为工作对象的学校心理健康教育，在预防的同时还要追求发展，将预防与发展结合起来。因为高水平的心理健康不仅指没有心理疾病、行为符合规范，而且意味着积极的理想追求、良好的社会功能、高效率的学习工作状态、建设性的人际关系、健全的人格和丰富的精神生活。

贯彻这一原则，班主任需注意：一是主动开展班级心理辅导活动，未雨绸缪，防微杜渐，针对正常学生开展各种适合其年龄特点的辅导活动，以培养学生良好心理品质；二是对于那些处于不适状态（如生活发生了重大变故、学习一直很努力但成绩总不理想、很不适应新学校新班级学习生活等）的学生应能及早发现，并能及时实行早期干预，这要求班主任有觉

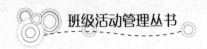

察学生心理与行为变化的高度敏感性。

3. 学生主体原则

学生主体原则要求班主任在实施心理健康辅导过程中要尊重学生的主体地位，充分调动学生的主动性和积极性，发挥学生的主观能动性，使班级心理健康教育能真正取得实效。

学生主体原则是实施心理健康教育的关键，这是因为：

（1）心理健康教育要求以自觉和主动促进学生的成长和发展。心理健康教育的基本功能是促进学生的成长与发展，而成长与发展要以自觉和主动为条件。如果学生缺乏意愿，强行实施的教育必定会由于学生的抗拒、冷漠和排斥而毫无效果。

（2）心理健康教育强调的是"助人自助"。"助人"只是载体，让学生学会"自助"才是目的。心理健康教育的终极目标是发展学生的自我教育的能力、独立应对生活挑战的能力。只有当学生以"主人"的身份积极投入心理健康教育活动时，这一目标才有可能达到。

（3）对于自我意识、独立倾向快速发展的青少年期学生充分发挥其主体作用，还能满足学生独立个性的需要。

贯彻学生主体原则，班主任应考虑到：

（1）学生的需要。教育内容的选择与设计，要以学生的需要为出发点，围绕学生关心的或学生普遍存在的实际问题来进行，而非传授系统的心理学知识。只有这样，学生才有兴趣主动参与，才能获得体验，产生领悟。

（2）学生是"主角"。教育设计中，要让学生唱主角，注意学生是整个教育活动中的"主人"，班主任的作用是从旁协助，提供建议。在教育过程中，要鼓励学生发表看法、探索解决问题的办法。班主任应避免使用"你听我说"、"我告诉你"之类命令式、灌输式的语言，宜用鼓励性的、商量式的口吻说话，如"我能体会"、"原来如此"、"请继续讲"、"你的意思是不是这样"、"我想做一点补充"、"对这个问题我的看法是"、"如果这样看是不是更全面"等。

4. 尊重差异原则

尊重差异原则就是要重视学生的个别差异，具体问题具体分析，因势利导，采用灵活多样的教育策略对待学生的个别化问题。需要说明的是，前面提到的"面向全体学生原则"是就心理健康教育的对象范围而言，这里所说的"尊重差异原则"是就心理健康教育的具体方法而言，二者并不矛盾。

世界上没有两片完全相同的树叶，更没有两个完全相同的人。人类遗传学告诉我们：人有 23 对染色体，经受精作用可产生大约 70 万亿种染色体分配不同的受精卵。由于每一个染色体都含有大量的基因，而基因和染色体在一定条件下都会发生变化，由此而造成的遗传信息组合的种类多得不可计数。故一般认为，除同卵双生子外，世界上不可能产生两个遗传上完全相同的人。此外，更重要的是人们在后天生活条件、家庭与学校教育状况、个人经历方面存在着广泛的差异，故每个人在体质、体形、知识技能、能力、气质、性格及其组合上必定独一无二。学校教育的目的不是要消除学生身上的这种独特性以及学生之间的差异性，而是要使每个学生的独特性在积极的方向上得到最充分、最完美的体现。

贯彻个别对待原则，班主任应注意：

（1）了解学生的个别差异

只有了解了学生的个别差异，才能有针对性地个别对待。可采用多种手段了解学生的个别差异，如观察、谈话、找家长或其他老师调查等。特别是与学生谈话，若能深入学生的内心世界，那么这种了解才是全面的、立体的、真实、可靠的。

（2）对不同学生实行区别对待

不能采用一刀切的方式，采用一套僵硬的模式去对待每一个学生，而应根据学生的性格特征、家庭环境、人格特点，灵活运用心理健康教育的通用原理，设计并组织实施适合学生的辅导活动。

5. 整体发展原则

心理健康教育追求的是学生人格的整体发展，注重的是学生知、情、意、行几方面协调发展。学生心理发展往往受多方面因素影响，心理偏差的出现也往往是多种不良因素共同作用的结果。如厌学，表面上看是一个对学习缺乏兴趣、学习动力不足的有关学习方面的心理问题，但若仔细去了解那些存在厌学心理的学生，也许隐藏在背后的原因或是对父母过高的期望值、

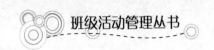

严格管理的消极对抗，或是生活中遭受重大事件打击后的一蹶不振，或是长期被同学、老师忽视而失去生活热情……如果我们总是头痛治头、脚痛治脚，则往往是解决了这个问题，另一个问题又出现了。所以，班主任在实施心理健康教育时，需注意贯彻整体发展原则，具体来说，要注意：

（1）树立"全人教育"的理念

眼中有"人"，而不仅仅是"教书"，在以智能学习为教育重点时，不要忽视对学生智能学习会产生极大影响的情意成分，实现学生的整体发展。

（2）采用综合的心理健康教育模式

实施心理健康教育有多种途径和方法，为促进学生人格的整体发展，班主任最好能根据学生的具体情况，综合运用各种途径和方法。同时，还可以调动其他任课教师、家长、社区义工等社会资源，为学生建立积极的心理支持系统，发挥各种因素在统一的教育活动中的作用。

6. 保密性原则

对于学生不愿意公开或公开后不利于学生健康成长的内容，如测试结果、师生个别谈心的内容都必须经过技术处理，才可以在课堂内作为话题进行讨论。活动课中师生已经协议保密的内容也不能在课后向其他人反映。

第二节　班级心理辅导活动的开展

班集体是一个微型的教育学生的社会体系。学生在班集体中成长，他们在班集体中学会管理自己；在与他人的比较和评价中认识自己；在与他人的交往中学会与人相处。可以说，班集体为学生的心理健康教育提供了教育情境。

　　一个良好的班集体，犹如一个巨大的陶冶学生个性、健全学生人格的熔炉。所以，班主任需充分利用班集体对学生心理素质形成和发展的作用，通过营造安全、融洽的班级氛围，以集体带动个体，促进全体学生发展。

　　我们这里说的班级心理辅导活动是指由班主任设计和实施的，面向班级所有学生，旨在培养学生良好心理素质、维护学生心理健康的活动。它不同于一般的班级主题活动。

一、班级心理辅导活动的特点

1. 体现出学生的自我探索

　　班级心理辅导活动是让学生进行自我探索，在探索的过程中认识自我、调整自我、完善自我，并解决自己成长中的各种问题，如学习焦虑、交往困扰、情绪调适等。

2. 强调体验和感悟

　　我们知道，儿童的成长是个体的经验不断改组和改造的过程。因而要实现个体的成长，就要以自我体验为基础，而班级心理辅导活动往往是通过创设一定的情境、营造一定的氛围帮助学生获得自我体验，在体验中产生感悟。所以，班级心理辅导活动是一种自我教育活动，它不是靠灌输和说教，而是通过学生自己的体验和感悟，潜移默化地影响、引导学生。

3. 以互助、自助为机制

　　班级心理辅导活动是一种积极的人际互动过程，充分利用的是学生自身的资源。辅导活动一般都有主题和目标，它是依据学生一定的心理需求制定，容易为学生接受，达成共识。作为集体的一员，学生在辅导活动中既是受助者，又是助人者。同时，这种互助可以增进学生的自尊、自信体验，从而达到自助。

二、班级心理辅导活动的内容

1. 学习辅导

就是帮助学生解决学习中产生的心理问题，着重对学生的学习情绪、动机、意志进行辅导，也包括学习策略和技能的训练。许多研究表明，学生在学习中遭遇的最大"敌人"不是自己能力不够，也不是学习任务的难度大，而是遇到困难和挫折时产生的情绪问题和动机障碍。如，许多学生都有过学习成绩不理想的经历，有的学生能够正确对待，合理归因，改进学习方法后，继续努力；有的学生却因此产生焦虑或自卑感。焦虑是一种消极的情绪反应，过度焦虑会影响学习，学生的消极情绪还会直接影响其学习动机。如一些学生不做作业、旷课乃至逃学等学习退避行为，便是由学习失败带来的消极情绪引起的。学习技能训练侧重于注意力、记忆力、发散思维和学习策略训练，增强学生的学习技能有助于提高其学习成绩。

以下便是一个班主任进行班级心理辅导的成功案例。

某初中毕业班的一位班主任在中考前将全班同学带到公园里好好地玩了一整天。这次活动没有做刻意的安排，班主任只是让大家"疯玩"。同学们也终于放下思想负担，心无旁骛地玩了一整天的时间，身心得到了放松。在经历了这次彻底的放松和休息，同学们的心理负担减轻了许多，结果中考考出了不错的成绩。

2. 人格辅导

着重对学生的自我意识、情绪、人际交往技能进行辅导。

自我意识辅导活动旨在让学生自己有一个全面客观的了解，善于发现和正确对待自己的长处与不足，尤其是处于青春期的学生，其生理发育的加速带来心理的迅速发展，其中一个显著的标志是自我意识的觉醒。

青少年的成人感、独立性日趋增强，但在理想与现实、内心与行动、闭锁与开放之间会产生许多冲突与困惑，非常需要帮助与指引。情绪辅导活动着眼于帮助学生认识自己的情绪，表达自己的情绪，控制和调节自己

班级活动的设计与实施

的情绪。中小学生的情绪不太稳定，而情绪又是最为敏感和活跃的心理成分，情绪不好常使人心情不能平静，从而影响学习和生活。帮助学生学会调适情绪，利于学生驾驭自我，以更好地适应环境。

人际交往辅导活动主要是帮助学生学会与同伴、老师、父母实现良性沟通。学会与人沟通是中小学生必须具备的一项重要社会技能，良好的人际关系有利于促进学生的学习和心理健康。

3. 生活辅导

侧重于休闲、消费和生活适应等的引导。随着家庭经济条件的改善，学生手里的零花钱多了，双休日的实行又使学生的休闲时间增加了。这就需要一方面指导学生如何合理消费，如何安排自己的闲暇生活，另一方面还要帮助他们学会自主选择消费和休闲方式。后者对于学生适应未来的生活更具意义。

4. 职业辅导

职业辅导是为学生未来的生活做准备的教育活动，旨在帮助学生在了解自己能力、特长、兴趣和社会需求的基础上，进行职业的选择和准备，为今后顺利地踏上社会奠定基础。

三、班级心理辅导活动的一般程序

1. 确定活动主题

根据学生当前的心理需要或生活中出现的问题，确定活动主题。如每一学段的初始年级学生刚入学时，包括小学一年级新生、初一新生、高一新生会对新的学习生活出现不适应，产生各种不良心态，如紧张、焦虑、烦躁不安。此时，班主任可根据班级的具体情况，确定与帮助学生适应新的学习生活有关的辅导活动主题。

2. 建立活动目标

包括认知、情感体验、行为实践三个层次。心理辅导活动的目标重点

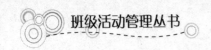

在后两个层次，突出通过活动让学生获得积极的内心体验，从而形成良好的心理品质，建立恰当的行为模式。需注意的是，活动目标要明确具体，切忌含糊抽象，以利于操作、评估。如"调适不良情绪"这一目标的表述太笼统，不如改为"认识不良情绪给自己的学习、生活带来的危害，寻找缓解或消除不良情绪的方法，增强对情绪的调适能力"。

3. 设计活动方案

方案主要是围绕活动目标，确定活动的内容、形式及活动过程，这是最能体现班主任创造性的一个环节。但要设计好一次心理辅导活动也不是一件容易的事。它要求班主任要理解心理辅导的基本理念，掌握团体心理辅导的方法和技术，还需结合本班学生的心理特征及活动实施的现实条件综合考虑。

4. 活动实施

有了一个很好的活动方案，只是心理辅导活动成功的一半，另一半是班主任如何实施活动方案，如何有效实施活动方案，以便达到活动目标。

班主任首先要注意的是角色的转换。如何从一个传统的管理者转变为一个民主型的辅导者，这会给刚开始开展心理辅导活动的班主任带来极大的挑战，比如，总想代替学生作出决定，而不是让学生去探索；总显得比学生高出一等，而不是平等地与学生讨论问题等。这需要班主任经常反思，逐渐改变自己的教育理念，改善自己的教育方式和对待学生的态度，真正做到尊重与理解学生。

其次，班主任要营建宽松的心理环境，鼓励学生自我表露。辅导活动就是要让学生表达自己真实的情绪情感，说出自己真实的想法，而不是掩饰、伪装自己。这样，班主任才能了解到学生真实的内心世界，与学生进行真诚的交流。但也要注意的是，在条件不成熟的情况下，如班级的安全感尚未完全建立时，班主任需把握学生自我表露的深度，以免产生负面影响。

第三，注意调动学生的积极情绪。在心理辅导活动中，班主任能否调动学生的积极情绪，能否与学生产生强烈的情感共鸣，决定着活动的气氛和学生参与的质量。这就要求活动形式、内容要符合该年龄段学生的兴趣，班主任自己在活动中情绪要饱满和放松，语言要有感染力等。

第四，座位安排与小组发动。要在有限的时间内做到人人参与辅导活动，往往需要以小组为单位开展活动。因而小组活动是班级心理辅导活动常用的形式，而传统的座位安排显然不便于小组活动。所以，活动前需对学生座位作重新编排，常用的是"马蹄型"或围圈坐、圆弧坐。

四、活动结束后的追踪、巩固

班级心理辅导活动的最终目的是要让学生的情感和行为发生变化，这并不是一次辅导活动后就能见效的，在活动结束后还需要进一步了解学生的内心状态，多次强化、巩固目标行为，特别是对一些活动中尚未完全消化吸收的学生更要密切关注。

五、活动模式四种偏误的防止

（1）防止学科化倾向——辅导是师生之间的平等商讨，并着重于感觉、情绪的体验与表达，不是心理学理论知识的传授。

（2）防止带有政治课色彩——辅导是人性由内向外的自我张扬，不是政治思想观念由外向内的影响或灌输。

（3）防止主题班会化——辅导是人格的袒露与升华，不是解决班级的具体事务问题；它以团体辅导的形式运作，却指向每个学生个性发展的需要。

（4）防止刻意模仿"实话实说"等媒体谈话节目——辅导主要是同龄人之间的交流与沟通，是学生与学生之间的"助人自助"；辅导不能以教师为中心，教师不要去刻意模仿节目主持人。

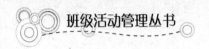
第三节 新生入学心理辅导设计与实施

班级心理辅导活动的形式和内容多种多样，下面我们以新生入学心理辅导为例，全方位解读班级心理辅导活动的流程。

从小学到初中，从初中到高中，新生不仅要面临学习环境、学习任务与内容的变化，还要面临人际关系的重新建构和新的文化环境的适应。面对一个全新的环境，新生往往会感到陌生与茫然，心里没有安全感，甚至产生焦虑。每个新生都将有一段调整自己原有的认识与行为的过程，这就是学生入学适应。

将学生入学适应问题作为新生心理健康教育的第一课，有助于新生尽快熟悉新生活，缩短适应期减少因适应不良引起的心理问题，为全面发展奠定良好的基础。

一、小学新生入学所面临的问题

1. 环境的变化

环境的变化包括了学习环境的变化和人际环境的变化。陌生的校园、教室、教师和同学，在给学生带来新奇的同时，也会给他们造成一些情绪上的焦虑与不安。与同学交往比较少、性格较为内向的学生，更有可能出现这样的问题。更有甚者，学生会因为焦虑不安而产生某些身心疾病，并因此逃避上学。

2. 学习方式的变化

从幼儿园到小学，由一个轻松活泼的教学环境到一个相对比较严谨的

班级活动的设计与实施

教学环境，由以游戏和玩耍为主的生活跨越到以听说读写算为主的学习生活，有些学生会感到不适应。具体表现为胆怯，不敢主动表达自己的愿望和见解，在课堂上不主动举手发言、坐不住、注意力不集中等。

3. 作息时间的变化

幼儿园没有严格规定上、下课的时间，上课的时候也没有严格要求必须认真地听，作息时间相对比较宽松自由。上了小学就要严格遵守时间安排，早上不能迟到，上课时不能自由活动，也不能提前放学。对于这一变化，学生并不能一下子就接受，有的学生表现为上课精神不集中，玩弄文具等，有的学生则由于晚睡早起，精神状况不佳，上课出现打瞌睡现象。

可见，儿童从幼儿园进入小学，是心理发展上的一个质的突变。面临这一重大转折，许多新生往往会产生适应上的问题，亟须给予恰当的指导和帮助。如果这些问题不能及时解决的话，将会影响到学生整个学业生涯的顺利进行。

二、初中新生入学所面临的问题

1. 生活环境的不适应

小学生一般都是就近入学，在家吃住，生活上许多事情由父母照顾。有些小学生甚至由家人接送上下学，由家人整理书包。进入初中后，学生一般要到离家较远的学校上学，而父母也不再接送他们上下学，生活中的事情需要自理。学校及家庭都对中学生提出独立的要求，而刚刚进入初中的学生，面临依赖性与独立性的心理冲突。

2. 人际环境的不适应

在中学这个新的环境中，同学关系更加复杂、多样。面对新的陌生的同学，如何与他们相处，如何融入新的班集体，如何克服自己的孤独感，是刚刚进入初中的学生很棘手的问题。与小学生不同，他们不再依赖老师与父母，交友心理特别强烈，他们害怕被孤立，不合群，害怕被集体或同学排

第六章 心理辅导活动的设计与实施

斥。一些学生在小学是班上的佼佼者，心理上有优越感，而在初中这个新的团体中，个人的优势降低，这种落差使他们产生失落感、自卑感。

3. 学习方式的不适应

初中的课程门类多，内容有深度，作业量大，对学生自学能力的要求加强，一些学生出现学习方法与学习习惯的不适应，学习成绩开始下降，出现学习焦虑。

可见，针对新生入学适应问题，我们需要对他们进行认识、情绪、行为的调整，帮助他们适应学校环境、生活环境，学习新的学习方法，学习与人交往的技能。

三、新生入学心理辅导活动的基本内容

1. 认识学校

认识学校，是为了增加学生对新学校的物质环境与人文环境的了解，促进学生与学校的心理相融。认识学校，就要让学生知道，并能准确地说出学校的名称，了解学校的各个机构，熟悉学校的各项服务设施。还应使学生对学校的历史、传统、制度等有一定的认识。

2. 认识班级

认识班级，是为了让学生初步形成班集体的概念，建立班级日常生活秩序，树立良好的班风。认识班级，要在教师的引导下，组织学生通过讨论，形成班级名称、班级目标、班级公约、班级制度等。

3. 认识同学

认识同学，是为了让学生在入学后尽快地互相认识与了解，增进同班同学之间的情感，促使学生产生对班级的归属感。认识同学，要让学生学会主动认识和接触他人，掌握最基本的交往技巧，能够主动表达自己的一些意愿，乐于与他人分享，并乐于与他人合作共同做好一件事，从而为班集体建设打下基础。

4. 认识学习

认识学习，是指通过辅导，使学生对学校的学习生活规律有一定的认识，并且能按照一定的要求去做，逐步养成良好的学习习惯。如对于一年级新生来说，认识学习应包括：学习需要专注，要学会在一段适当的时间内专心完成一件事情后才休息；学校的学习生活是有规律的，要学会根据作息时间表来调整自己的行为；学习是自己的事情，要学会倾听、思考、提问和总结；养成带着问题进课堂、及时温习所学知识的习惯。

5. 认识自己

认识自己，是指通过辅导，使新入学的学生开始具备学生的角色意识，并且建立自我意识，逐步明确自我需求，获得自我尊严。

四、学生入学心理辅导活动的设计

新生入学适应是一个复杂的心理过程，不可能通过一次辅导活动完成，需要开展每次一个主题的系列辅导活动。更重要的是，活动内容应该符合学生的心理特点与兴趣，具有可操作性，让每一个学生在真实的体验过程中得到心理疏导。

在具体设计时，可以按以下步骤进行。

1. 清晰学生心理状态，明确学生辅导需求

初入学新生存在的心理问题具有普遍性，如处于新的环境，因为对陌生环境的不适应，学生多表现出不安、焦虑等情绪。但是，学生存在的心理问题，也因成长环境的不同、个性的差异、心理承受能力的差别等因素呈现出多样性。因此，学生入学心理辅导活动的设计，一定不能忽视对学生心理状态的调查。调查可以通过观察、问卷、谈话等途径展开，旨在获得学生心理辅导实际需求的具体信息，包括普遍存在的共性问题、不容忽视的突出问题，以此作为活动设计的目标依据。

2. 确立活动系列主题，制定活动目标

依据班级学生心理辅导的需求，可以确定入学心理辅导的时间周期，一般为入学后的两个月，也可以根据班级的具体情况自己确立。周期的确立是为了制订整个活动展开的计划，使得活动有整体规划，以利于活动的有效性。

3. 选择活动展开策略，设计活动实施过程

活动是构成心理辅导的基本环节，精心设计好活动形式是辅导成功的关键。设计能为辅导主题提供模拟生活情境的活动，把学生需要辅导的问题放回到类似的环境中去再认识，重新进行调整，有助于学生发现建设性的解决问题的办法。

一般来说，辅导活动形式可以采用讲座、小组讨论、游戏、角色扮演等。辅导活动前教师可以将全班学生分成 8～10 人的活动小组，辅导活动地点可以在室内进行，也可以在室外操场、草坪等地方进行。辅导活动地点最好是没有固定的桌椅，给学生足够的活动空间，让他们感到活动环境舒适、安静，使人放松。辅导活动形式与地点应与辅导的主题相符，重要的是应符合学生的心理特点与兴趣，活动具有可操作性，让每个学生都能够"动"起来。

五、辅导中需注意的问题

1. 初中生的入学适应需要有一个过程，不可能在一天的活动中完成，教师可以根据学校及班级的情况，每周开展一次或两次辅导活动。系列活动最好是在新生入学后两个月内完成。

2. 每次辅导活动前，教师需说明本次活动的目的，如果目的不明确，学生会把活动误以为是游戏，玩玩而已，活动过程中不认真，活动后也不能细心体会与反思，不能达到辅导的目的。

3. 班级心理辅导活动重要的是活动后的经验分享，因此，教师在活动前一定要考虑活动时间的使用，留出足够的时间让学生谈体会。

4. 教师应努力创造融洽的班级气氛，使学生在班级团体中感到温暖、

理解、安全、尊重和关心，使学生在互相接纳的气氛中获得成长。

【案例】

新生入学适应是一个复杂的心理过程，不可能通过一次辅导活动完成，应采取系列辅导活动，每次活动一个主题。

活动一：我们的学校

一、活动目的

了解学生在新环境中的感受，增加学生对新学校的地理环境与人文环境的了解，促进学生与学校的心理相融。

二、活动步骤

1. 室内讲座

①教师介绍学校历史、现状及未来发展情况、学校的光荣传统、学校的名师、历届优秀毕业生。

②教师介绍学校的各种机构和服务设施。

③教师介绍学校的文化建设、校纪校规和各种奖励措施。

④教师介绍本班任课教师情况。

2. 室外参观

教师带领学生参观学校服务设施，包括图书馆、实验室、计算机房、文体活动中心、食堂、浴池等。

3. 讨论交流

①小组讨论交流

如，我对学校的印象；假如我是校长，我们的学校发展是……

②各小组派代表在全班交流。

③选出最优的学校发展方案。

④教师总结本次活动。

活动二：认识新同学

一、活动目的

为学生提供交往的机会，促使全班学生在入学后尽快互相认识与了

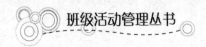

解，增加学生对班级同学的情感，促进学生对班级的归属感。

二、活动步骤

1. 个人名片

①每位学生制作一张个人名片挂在胸前，名片上写上自己的姓名、年龄、爱好等。

②全班学生任意走动，可以互相观看名片，并与交换名片的学生自由交谈。

2. 找伙伴

①教师将全班同学随机分成几个小组，每组8～10人，按小组数剪几个"心"型纸片，再把每个"心"型纸片按小组人数随意剪成几块，在每一块上写上一位学生的姓名。

②教师把活动前准备的纸片发给大家，要求学生按照纸片的形状寻找自己所在的小组，直到小组的成员聚齐为止。

③小组成员互相介绍自己的姓名、家庭住址、原来所在的小学、自己的兴趣爱好等。

④教师收回"心"型纸片，将其多次打乱顺序让学生抽取，寻找他们的小组，以增加学生认识新同学的机会。

3. 采访新同学

①教师采访一位小组成员，然后由这位成员采访另一位成员，如此反复进行，直到小组成员都被访问。访问内容主要是姓名、兴趣等个人资料。

②自由采访。学生可以打破小组限制，随意采访班里的学生。

4. 读写姓名
①要求学生写出班里学生的姓名。
②小组讨论容易写错与读错的学生姓名。
③各小组派代表在全班交流。

活动三：享受学习

一、活动目的
帮助学生掌握学习方法，培养良好的学习习惯。

二、活动步骤

1. 入学感受

①小组讨论小学学习与中学学习生活有什么不同。

②小组讨论与交流每一门课的主要学习方法。

2. 学习医生

①教师将学生分成几组，将事先准备好的表演情节分别交给每组，让学生根据相应的情节进行表演。情节包括：被动、依赖、马虎等不良的学习态度、边看电视边写作业、打游戏很晚才写作业等不良学习习惯等。

②表演完毕，学生讨论剧中人存在哪些不良的学习问题，应该如何矫正。

③教师在学生讨论后做总结，为学生提供一些学习方法的知识。

3. 我的学习计划

①制订个人学期学习计划，如月计划、周计划等。

②小组交流讨论学习计划。

③与小组成员两人结伴订立学习计划及实施契约，请同学帮助监督学习计划的实施。

活动四：班级的目标与规范

一、活动目的

建立班级目标与规范，增加班级凝聚力，树立良好的班风。

二、活动步骤

1. 没有规矩，不成方圆

教师讲解订立班级目标与建立班级规范的意义。

2. 我们的班规

①小组讨论分析本班发展状况，找出满意与不满意的地方。

②各小组订立班级发展目标与规范。

③小组合作进行美术设计，将小组订立的班规制作成墙报。

④小组代表发言，介绍自己小组的合作情况及解释小组订立的班规。

⑤评出最佳班规、最佳美术设计、最佳解说。

⑥教师与学生一起整合出本班本学期的发展目标与规范。

第六章 心理辅导活动的设计与实施

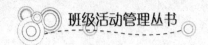

活动五：我信任的班集体和同学

一、活动目的

增加学生间的亲和力与彼此的信任感。

二、活动步骤

1. 盲人走路

①学生两人一组，一学生蒙上眼睛做盲人，另一学生做向导，帮助他走完一段设有障碍的路。

②两学生互换角色，重走一遍。

③讨论：活动过程是否顺利，活动过程中遇到什么，做盲人和向导时心理的感受是什么，你对向导是否有信心，你是如何帮助盲人的，你是否是一个成功的向导，等等。

2. 信任后退

①学生两人一组，一学生后退三步摔倒，另一学生救助他，不让他摔倒。

②两学生互换角色，重来一遍。

③讨论：你按照要求摔倒了吗？如果你没有做到，解释为什么。你信任你的合作者吗？你是一个值得信赖的合作者吗？你更愿意做摔倒者还是救助者？谈谈本次活动的体会。

第七章 社会实践活动的设计与实施

　　班级社会实践是综合实践活动的一种形式，是在教师指导下，学生自主进行的综合性学习活动，是基于学生的直接体验，密切联系学生自身生活和社会实际，以学生的生活和体验为核心的实践性活动，体现对知识综合运用的实践活动形态。

　　社会实践是学生社会化的重要途径，也是提高学生综合素质和实践能力的重要载体，更是学校教育必不可少的环节。它引导学生了解社会实际，提高思想觉悟；通过社会实践掌握生活技能；参加实践锻炼增强适应和创造力；在实践活动中创造物质与精神财富。

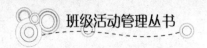

第一节　社会实践活动概述

　　活动是对学生进行全面发展教育的载体。认识社会实践班级活动的内涵、作用和开展社会实践活动的原则和注意事项，对教师具有重要的指导意义。

一、社会实践班级活动的内涵

　　"人的本质并不是单个人所固有的抽象物。在其现实性上，它是一切社会关系的总和。"这是马克思对人与社会关系的论述。个体要适应社会，就需要生成适应社会的能力，社会适应能力是指个体对其周围的自然环境和社会需要作出反应的能力。社会实践班级活动就是在学生真正踏上社会、融入社会之前，引导学生逐步生成适应社会的能力，懂得自己的需要要切合社会的实际，自己的行为要符合社会的共同规范，并能掌握独立处理社会生活中出现的问题的能力，以便达到个体与社会之间的平衡、和谐和统一的活动。

　　活动中，应注重三方面适应能力的培养，即良好的个人习惯、较强的人际交往能力以及一定的社会实践能力。

　　每一个个体都必须生活在社会群体中，养成良好的个人习惯对发展自我、适应社会有着重要的意义，可以说，养成良好的个人习惯是个体走进社会、融入社会的基石。在日常生活与活动中，在学习、工作、劳动中，个体无时无刻不在与他人发生着联系，没有人际交往，人也就失去了他的社会属性。

　　人才培养的规格和要求是随着社会的发展不断地更新、改变的，教会学生适应社会、适应变化的思想应该贯穿始终。教师应有目的、有计划地组织和设计丰富多彩的社会实践类班级活动。

二、社会实践班级活动的作用

开展社会实践班级活动，就是为学生拿到"生活通行证"做准备。一个人如果没有良好的社会实践能力，就会对其身心健康和精神发育带来危害，进而影响到个人的发展。具体来说，此类活动的开展有以下两方面的作用：

1. 社会实践是青年学生健康成才的必要途径

教育是一种社会活动，教育的途径包括课堂理论教育和社会实践教育，实践是促进青年学生健康成才的必要途径。教育与社会实践和生产劳动相结合，是我国教育方针决定的。青年学生全面素质的提高不是靠关在课堂上、校园里所能实现的，还必须依靠实践。

素质教育的重点就是提高学生的实践能力和创新精神。理论来自于实践，实践是检验理论的试金石。各类学校在教学中加强实验、实习、军训，就是为了培养和增强学生的实践能力；学生多参加一些社会实践活动，包括参观、访问、考察、志愿者活动，可以锻炼自己的组织能力、活动能力、人际交往能力；当学生干部也是一种很好的实践能力锻炼。我国的教育长期来受"学而优则仕"的传统思想影响，存在着"重理论轻实践，重知识轻能力"的现象，导致我国学生普遍存在能力不强、活力不够，要改变这一状况，必须加强实践教育。

2. 让开放的学生走向开放化的社会实践中去

我国已进入改革开放、市场经济时代，国内外各种思潮对学生影响很大，也冲击了学校德育工作。要提高德育工作的有效性，就必须引导学生走出课堂，走出校园，到社会大课堂、到社会实践中去。

人是社会的人，人的思想道德是社会化过程中、实践过程中形成的。过去在封闭的环境里，学生接受的是一元化的主流教育，而在当今开放化

的社会里，学生除了受学校教育的影响外，还受来自各方面的思想文化影响，受到了多元化的教育。因此，学校德育不能再搞封闭式的教育，而必须开放化。

让开放化的学生到开放化的社会中去经受锻炼，接受教育。

一是要鼓励学生走向开放的社会。德育不是为了禁锢学生的思想，而是要打开学生的心灵世界，让学生在现实生活中感受和体验改革开放、市场经济对社会经济发展带来的好处，寻找和发现先进模范人物和社会主义的闪光点。学校和教师要引导他们汲取社会上主流的、光明的、积极的因素，充分利用社会上鲜活的教材教育学生，让学生在价值观念多元化、道德观念多元化中寻找到主旋律，增强抵制各种错误观念和腐朽思想的能力。

二是鼓励学生积极参与实践。让学生在参与真实的社会实践中认识社会的真正面貌。人的思想品德的形成和提高有赖于社会实践，德育的本质是实践。古人云："行为德之基也。基，始也。德自行而进也，不行则德何由积？"学生只有在实践中才能巩固德育的理论，感受到道德的重要性，从而更加严以律己。

三是德育工作的多样化。即德育不能仅停留在课堂教育上，一味地单向灌输，硬性要求，这样往往达不到预期的效果，甚至会产生逆反心理，因此要开放化、多样化。要把组织学生参观、访问，参加社会实践，开展志愿者活动、文明修身活动等多种形式结合起来。

三、班级开展社会实践活动应遵循的几个原则

如何组织好学生实践教育环节，取得良好的效果，教师以及班主任应遵循以下四个原则。

1. 目的性原则

学生的社会实践活动，必须要有明确的目的。教师组织每一次活动时，要有明确的主题和要求，要注意思想性、科学性、知识性，要有所得益，能促进学生身心健康。

活动之前，要拟定好学习调查提纲，选择合适的实践活动内容地区、单位和环境。如某学校创建"爱心学校"活动，目的有两个，一是给家庭经济困难、社会弱势群体的子女献爱心，二是让学生走向社会、参加实践，增长才干。学生全部是无偿地义务劳动，免费教育，学校原则上也不贴钱，让学生到社会上去募捐，锻炼他们的组织活动能力，深受社会和学生欢迎。

2. 针对性原则

实践教育活动要从学生的思想、学习、身心特点等实际情况出发，有针对性地进行，要避免形式主义，不强求一律，具体做法是：一要针对学校的特点，选择对口的工厂、企业、农村等有关单位作为社会实践活动的点；二要针对学生中普遍关心的问题，存在的问题，选择能回答和解决这些问题的单位作为社会实践活动的点；三是针对不同学生的需求、特点，选择不同的点。如有的学校针对一些学生只看到社会上消极面，片面地认为现在的干部贪污、腐败很严重，于是，组织学生到部队考察，去走访模范人物，走访杰出校友。当同学们在海岛上亲眼看到海岛战士的忘我精神，在军舰上看到舰队勇士与特大风浪搏斗的英勇行为，在工厂、实验室里看到干部、科研人员默默无闻、日以继夜地工作着，终于认识到社会的主流是好的，坚定了信念，增强了信心。

3. 服务性原则

中学生参加社会实践活动，可以把所学知识与社会服务更紧密地联系起来，既能起到理论联系实际，加深和促进理论知识学习的作用，又能提高学生的思想觉悟。有些学生在服务中看到用自己的知识为社会主义建设发挥作用后，认识到"人生的价值在于奉献"；有些学生在服务中看到我国经济和科技落后面貌，以及人民群众渴求人才，渴求知识的迫切心情，更增强了自己的社会责任感；有些学生在服务中的亲身体验和感受，促使思想的转变和升华，也是有效的思想教育工作之一。

4. 教育性原则

实践活动是课堂教育的延伸，是校内教育的延伸，也是思想理论教育

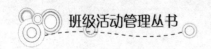

的延伸。在组织大学生参加社会实践时，应选择有教育意义的内容，并且在实践活动中注意加强思想教育。应该看到，学生参加社会实践，不会自然而然地提高思想觉悟，由于各人的素质、思维方式以及人生观、价值观的不同，对同一事物的感受也不会相同，因此，在实践活动中必须正确引导、进行教育。

如果仅停留在社会实践活动上，而忽视必要的思想教育，是达不到预期效果的。德育有正效益、负效应、零效应，不是每次教育活动都会产生正效应，若组织得不好，也会产生负效应或零效应。教育性原则就是力求正效应，也是社会实践活动的出发点，教育的效果又是检验社会实验活动质量的标尺。

四、社会实践班级活动设计与组织的注意事项

因活动对象各具差异，活动场所涉及学校、家庭、社会等，所以设计与组织社会实践班级活动时应该注意以下几个方面。

1. 顾及学生角色的转变性

学生从跨入校门的第一天起，他的"身份"便由单纯的"小孩"一跃变成了"学生"。在其学生时代，又会跨越小学、中学、大学等学段。原先那种无忧无虑的以游戏为主的生活变成了以从事正规学习为主要内容的生活，原先那种以个体生活为主较为松散的生活方式被集体生活所代替，原先由家长扶持的生活变成了必须有相当时间离开家长的"独立"生活。在参与各种班级活动时，学生会因活动性质、形式的不同而成就不同的角色。诸如在社会实践等活动中，学生可能是采访他人的小记者、指导他人的小老师、共同合作的小帮手、播报活动的通讯员。前一种角色的转变面向全体学生，后一种角色的转变需考虑学生的年龄特点、认知水平、周围环境等一系列因素。

在学生的角色或身份发生重大转变之际，教师设计组织班级活动要充分考虑学生角色的转变问题，有针对性地拟定活动方案。

（1）使学生知道应该做什么和怎么做。面对进入不同学段的学生，教

师要帮助他们熟悉学校、熟悉同学，理解社会和学校对小学生的要求，让他们知道不同的年龄层次有不同的培养要求、交往要求、实践要求。

（2）允许学生有一个逐步适应的过程。因学生所处的环境和自身的个性特点均有所不同，故急于求成是教育活动的大忌。学生对于新环境、新人际关系的适应，并非教师一人力所能及，让学生在教师的引导和帮助下"小步子前进"的策略最为妥帖。

（3）留意学生对学校生活的反应和心理变化。初入学的儿童往往在情绪与人际关系上有较多困扰。有的孩子好表现，易激动，老师容易发现他们的问题；有的孩子较内向和退缩，这就增加了老师发现孩子心理困扰的难度。为了深入了解孩子的精神世界，老师要多与孩子交谈，主动和家长取得联系，必要时还要多询问与孩子交往较多的同学，这对于及时发现孩子的心理困扰，帮助他们克服、适应困难，有不可低估的作用。

2. 注重家庭教育的协同性

班级与家庭的协同教育可以避免两方教育的相互削弱与抵消的现象，从而发挥教师教育的最大效能。一般而言，凡在家庭中受到不良影响的孩子，往往是班级中最难教育的学生，而在班级里表现欠佳的学生，一旦家长参与转化工作，往往进步显著。

研究表明，双方合作较多的教育项目能使学生在各方面表现出色，相反，则表现一般。所以，作为班级活动的组织管理者，教师应从策划引领的角度主动创设多种活动平台，让家长直接参与活动策划，作为支持者参与到活动中，作为志愿者服务于活动。

通常，教师可以通过各种方式和各种渠道，如家长会、热线电话、家校联系本、互访、开放活动等协调班级与家庭双方的教育力量，使之产生合力。让家长在明确自身教育的权利和义务后，在班级活动展开的过程中，在经济上为子女提供适当的物质保障，创设一定的教育氛围，支持、配合教师做好教育工作，同时提高自身的素养，改进家教质量。

3. 探寻社会要求的一致性

现阶段"80后"出生的人纷纷踏上工作岗位，由于先前的独生子女教

第七章　社会实践活动的设计与实施

育影响，有些人在工作岗位上经常碰到问题。比如：身为教师指导学生进行卫生打扫是极其平常又极为必要的事情，可是，往往有些教师自身就不知道该如何打扫卫生，关注的打扫点不够全面，以至于无法细致地向学生传授劳动技能，造成了工作中的缺憾。因此，教师一定要考虑到目的达成的长期性，围绕主题深入开展活动，关注活动的全过程，在不断的信息反馈与总结分析中调整、完善活动方案，促使活动目的的达成。

第二节　社区服务活动的设计与实施

社区服务是指学生进入实际的社会情境中，直接参与到各种社会领域，开展一些力所能及的社区服务性、公益性、体验性的学习活动。社区服务一般具有实践性、社会性、服务性和体验性的特点。它不仅注重在社区或社会情境中学习，而且也是融研究性学习、劳动技术教育等于一体的学习活动。

一、社区服务活动的目标

1. 使学生关心社区建设，主动参与社区的公益活动，形成诚恳助人、乐于奉献的积极态度和情感。

2. 培养学生的公民意识、参与意识和社会责任意识。

3. 使学生学会现代社会人际交往的本领，提高沟通与合作的能力，增强团结协作的意识。

4. 培养学生学以致用、服务社会的意识，并在社区服务过程中学习新知识，体验奉献的愉悦和人间的亲情。

5. 使学生进一步了解社区生活的社会环境，增长从事社会活动所需的

知识，增强适应现代社会活动的能力。

二、社区服务活动的基本内容

社区服务是学生主动参与社会生活、理解社会的重要途径。社区服务是一种义务的、志愿性的活动。其内容可包括：

1. 社区科技文化教育活动：参加社区各种形式的精神文明建设活动，如敬老服务、社区学校的辅导、社区科技活动、科普活动宣传、法制宣传、人口与保健宣传、环保与卫生宣传活动、社区文体活动。

2. 社区环境建设活动：如社区环境卫生，社区绿地领养工作、美化工作，城市交通秩序维护活动（充当小交警）等。

3. 志愿者活动：如为社区大型活动提供志愿者服务，在公共活动场所（如旅游景点、公园、图书馆、宾馆）参与管理服务（如充当义务讲解员、服务员等）；参加助残帮困活动、拥军拥属活动；各类义卖活动；学雷锋做好事活动；植树节活动、参加社会主义新农村建设活动等。

三、社区服务活动的设计

中学生经常接触的社区一般有学校、学校所在的社区、学生实际生活的社区等。班级在开展社区服务活动设计时，既要考虑活动的可行性，也要兼顾学生的知识与技能、过程与方法，同时要特别强调情感态度与价值观。为此，在实际操作中，可从以下五个方面入手。

1. 了解社区资源

为了开展好社区服务活动，学生对所在社区的基本情况应该有一定的了解。如社区人员的构成状况、活动设施情况、环境状况、社区中可利用的活动资源等。这样，既有利于学生对活动的设计，也有利于活动的开展。

2. 熟悉社区周边资源

一个社区的资源是有限的，但一个社区周边的资源却是庞大的。在社

第七章　社会实践活动的设计与实施

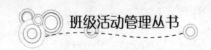

区周边开展社区服务及社会实践活动，能避免学生外出时教师最担心的交通问题、安全问题、时间问题、经费问题等。所以，在开展社区服务活动时，要尽可能地利用好这些周边资源。

3. 鼓励学生做有心人

活动常常是从问题中生成的，社区中存在的问题是学生开展活动最好的切入口。教师要鼓励学生做个有心人，关心社区的变化，留意社区的不足，留心社区中需要帮助的人群。

4. 社区服务活动要精心设计

活动设计要体现主题性、开放性、跨学科性、本土性、社会性等特点，设计的活动应力求生动活泼、丰富多彩，有助于调动学生参与活动的积极性，提高他们对活动的兴趣。

5. 活动的组织要精细化

活动要有明确的目标、具体的分工，对活动时间的安排、活动过程的监控和评价等应有相应的约定或措施。

四、开展社区服务活动的基本程序

组织学生开展社区服务活动，不但要有明确的目标，而且要教给学生一定的活动方法，使学生通过活动的开展，了解社区服务活动的基本组织过程，有利于学生举一反三地开展各种社区服务活动。

1. 明确社区服务活动的内容

学校和教师可结合社区背景，根据班级学生的特点，在调查或考察社区资源的基础上，确定社区服务的内容。

2. 确定社区服务活动的目的和对象

活动前，要让学生明确社区服务的目的、活动对象及活动领域。一般来说，社区服务的对象可以是社区特殊的社会群体（如孤寡老人、残疾人、幼儿等），也可以是社区的经济机构（如商场、农场）、政府机构（如环保部门、宣传部门）、文化机构（如图书馆、电影院）及公益活动场所（如公园）等。

3. 制订社区服务活动的方案

与社区服务对象或机构取得联系，制订具体的活动时间和活动方案。

4. 实施社区服务

根据社区服务活动方案，开展具体的社区服务活动过程。

5. 社区服务评价

一般来说，评价可以分为学生自我评价、小组评价、教师评价、家长评价、服务对象或机构评价、学校评价等。

五、开展社区服务活动的注意事项

社区服务活动是需要学生走出校门、融入社会的一种服务。组织中小学生开展社区服务活动时，应充分考虑活动的可行性、安全性、实效性，正确运用好社区服务活动平台，促进学生的能力发展。

1. 社区服务活动的开展要从实际出发，积极主动，量力而行，讲究诚信

社区服务是在实际的社区情境中展开的活动，目的是让学生通过参与社区活动，体验社会成员的生活和活动，获得亲身体验，增进社会责任感和社会活动能力。因此，活动不在大小，培养良好的品质与技能才是主要的。

2. 高度重视活动中的安全问题，保障学生的身心健康与安全

中小学生身心发展迅速，但尚未完全成熟，对周围世界有了自己的一些看法，但往往比较片面，对社会生活中的许多事都感兴趣，却又缺乏持久性。因此，应考虑中小学生的各种身心特点，选择适合他们发展需要、

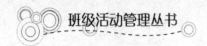

促进他们健康成长的活动。此外，在活动中一定要注意安全问题。

3. 给学生提供适当的指导，为学生提供相互交流、分享成果的机会

在组织学生开展社区服务活动前，对一些有一定技术含量的服务内容，教师要做适当的指导，以便学生能尽快地进入角色。活动中要注重培养学生与社区成员的交往能力以及小组成员间的合作能力。活动后，要组织学生对活动进行总结与反思，相互交流在活动中的所见、所闻、所感，为后续的社区服务活动扫除障碍，积累经验。

4. 提醒学生在活动过程中注意相互配合，提高团队凝聚力

社区服务活动也是培养学生提高团队凝聚力的基本途径之一。教师要学会充分利用好这种资源与机会，提醒学生在活动中合理分工，相互配合，取长补短，增强团队作战意识。

5. 活动时间和活动量应根据具体情况予以调节，既要讲求实效，又不能加重学生的负担

为了提高活动的效率，参加社区服务活动时应注意：集体活动尽可能选择学校所在社区，小组分散活动尽可能选择学生居住地所在社区。这样，一方面可以保证活动的时间，另一方面活动安全也有保障。活动量的控制要根据学生的年龄特点、身体状况、活动强度进行及时调节，在保证有一定活动效果的前提下，尽量不要加重学生的负担。

6. 重视活动生成资源的利用

教师在组织学生活动时，要当有心人，要善于捕捉活动中呈现的一些有价值的再生资源，并使其演化为新的教学资源或活动资源。随着活动的不断展开，新的目标和主题不断生成，学生在这个过程中兴趣盎然，认识和体验不断加深，创造性的火花不断迸发，这就是生成性的集中表现。

【案例】

给街道黑板擦亮眼

一、活动背景

随着城镇的发展与建设，素以"鱼米之乡、丝绸之府、文化之邦"闻名的古镇石门每天都会迎来一批又一批慕名而来的参观者。随着外地游客的增多，细心的学生们发现了一个问题：小镇街道内部分作宣传用的小黑板，竟成了商品广告的宣传栏，什么"胃尔舒"、"天地通"治疗仪之类的全上小黑板了，这不仅影响了小镇的镇容镇貌，给小镇的创卫工作带来了一定的难度，同时也使那些乱张贴乱涂画的人有了可乘之机。

班级决定利用街道内的"小黑板"开展探究活动，让学生通过调查街道内小黑板报的用途与人们对黑板报的关注程度，体验做一个社会小公民的责任感。

二、活动目标

1. 认知目标：通过调查、访谈，了解街道内小黑板报的用途与人们对黑板报的关注程度，黑板报的现状与前景等方面存在的差异，并结合其自己设想，就今后街道内小黑板的发展提出一些建设性的建议。

2. 能力目标：在活动中锻炼学生的社会实践能力，培养团队合作精神、与人交往的能力，学会寻找信息，提高分析处理信息的能力。培养学生经常观察生活的习惯，提高审美能力和写作能力。在活动中培养学生的探究能力、社会调查能力、动手能力、创新能力和与人交往、合作的能力。

3. 情感目标：通过调查研究，获得丰富的经验和积极的情感体验，分享合作与交往的快乐，激发学生热爱家乡的思想感情，体验做一个社会小公民的责任感。

三、活动过程

活动一："哭泣的黑板"（师生谈话）

师：同学们，最近有同学向老师反映，我们石门镇街道内作宣传用的小黑板，竟成了商品广告的宣传张贴处了，不知你们有没有看到这种现象？

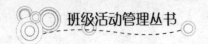

生1：我看到过。

生2：确实是这样的，我天天路过堰桥浜，那边的小黑板上全是广告纸，什么"胃尔舒"、"天地通"治疗仪之类的广告张贴在那儿，很难看。

师：听了同学们的发言，我想：同学们，你们是石门人，对于这种现象有什么话想说？

（学生自由讨论，交流。）

生1：这给我们镇的创卫工作带来了一定的难度，前一阵子我们石门镇在迎接创建省级卫生城镇复查，我想，如果这种现象存在，肯定会影响我们石门镇的镇容镇貌。

生2：我好像听到黑板在哭泣，我们该想个办法治一治了……

师：那么要解决这种现象，你们准备怎么研究呢？

（学生自由讨论，提出设想）

如：A 调查街道内黑板报的分布、数量，查查街道内小黑板的破坏程度及破坏的原因所在。

B 查查行人每天最关心的是什么事。

C 联系石门城建办，提出整治建议。

活动二：分组，落实任务

根据学生的兴趣，分成调查统计组，资料收集组。每组选出一名责任心强的同学任组长。

调查统计组：调查街道内黑板报的分布、数量。调查街道内小黑板的破坏程度及破坏的原因所在。

资料收集组：统计行人每天最关心的是什么事。走访各街道，统计小黑板的用途。收集行人关心最关心的事的相关资料。

活动三：开展调查研究（历时：2 周）

1. 调查统计组：教师提供石门镇的地图，学生熟悉街道内每一块小黑板的分布情况。学生利用课余时间走一走，记下每一块小黑板的具体地址。再走访石门镇路过的行人，调查取证，了解街道内小黑板的破坏程度及破坏的原因所在。

2. 资料收集组：资料收集组同学询问路过的行人，统计行人每天最关

心的是什么事。走访各街道，统计小黑板的用途。

（在 2 周的活动中，教师随机了解学生的调查情况，适当给予帮助指导。）

活动四：成果展示

以班队活动的形式来对本次活动进行总结交流：

1. 介绍街道内黑板报的分布、数量及破坏程度。

2. 调查统计组介绍街道内小黑板被破坏的原因所在。

3. 资料收集组介绍人们最关心的事。

4. 活动总结：针对以上情况，决定向镇政府及各街道办提出建议。

活动五：向有关部门提交调查结果

1. 向石门镇政府及各街道办提交建议信，半个月后，石门镇政府同意了同学们的建议，并对各街道内的 17 块黑板报进行了一次粉刷，还在石门集贸市场门口等 5 处地方增设了黑板报宣传栏。同学们经过讨论，也对黑板报宣传的分工作了安排。

2. 确定各街道宣传包干人员

四、活动延伸

通过近 3 周的调查研究，同学们掌握了很多知识，收获可真不小。请学生根据自己参与活动的情况，畅谈感受，写出体验日记。

第三节　参观访问活动的设计与实施

参观访问活动是学生以参观者或采访者的身份参与的一种社会考察体验性的学习活动，是学生接触社会、了解社会，积累社会经验，并获得对社会物质文化、精神文化和制度文化认知、理解、体验和感悟的学习活动。

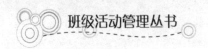

一、参观访问活动的目标

1. 通过参观访问活动，让学生进入社会实际情境，接触社会现实，了解社会现状，理解社会基本运作方式和人类生活的基本活动，积累社会生活经验。

2. 通过社会参观、社会考察、社会调查等活动，发展学生的社会参与能力，形成参与意识和较强的公民意识。

3. 通过参观访问活动，懂得科学技术与日常生活、社会发展的关系，形成正确的科学观。

4. 通过接触不同国家、不同民族的文化，懂得理解、尊重和欣赏世界多元文化，丰富自己的文化积累。

5. 通过参观访问活动，锻炼学生接触社会、与人交往的能力，丰富学生的社会阅历。

二、参观访问活动的基本内容

1. 社会参观活动

学生深入实际的社区、厂矿企业、社会机构或部门进行参观，促进对社会的认识。如参观污水处理厂、蔬菜种植基地和花木市场等。

2. 社会考察活动

社会考察活动的内容一般涉及本地区的历史和文化遗产、现实的社会生活和生产方式，如考察某一社区的历史、文化传统、生活方式、经济发展状况、地理、建筑和人文景观、商业设施，以及文化古迹和文化遗产等活动。

3. 社会调查活动

就学生提出的社会问题，在现实的社区中进行调查研究。社会调查活

动应与研究性学习相结合。如为了了解市民遵守交通规则的情况，学生走上街头调查搜集相关信息，以获得有说服力的数据，据此对市民遵守交通规则的状况做出评价。

4. 社会访问活动

访问一般以国家或地方政府机构、政府官员、特殊人物、特殊阶层等为访问的对象。访问活动一般结合某个主题进行。

三、参观访问活动的意义

1. 通过参观访问，让学生亲身感受我国经济的发展的状况，丰富了他们的感性认识。

2. 在活动中，通过调查、走访、交流、合作等方式，进一步提高了学生观察问题、提出问题、探究问题、解决问题的能力，以及与人交往合作的能力。

3. 实践活动可以很好地将学生的认知和情感统一起来，将学生的情感和掌握的知识内化为一种能力。

四、参观访问活动的设计

开展参观访问活动时，活动的目的性要强，目标要明确，参观地点、时间及被访对象一般可以根据活动的需要事先联系，当时机成熟时再开展活动。为了顺利开展活动，增强活动的有效性，一般活动前教师要进行具体的指导，并进行相应的活动设计。

1. 确定活动内容

根据学校、班级或学科开展的某个主题活动的需要，确立具体的活动主题，选择适合的活动内容，在此基础上，有目的地选择参观地点或访问对象。

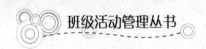
2. 明确活动目标

要让班级里所有的学生都明确为什么要开展活动,开展本次活动希望达到的目标是什么。通过活动目标的确立引领学生的具体活动。

3. 联系活动单位或个人

一般进行定点的参观访问活动,都要事先与相关单位或个人进行联系,约定好时间,然后再有序地开展活动。个别在公众场合开展的调查活动,也要将相关的地理环境因素、时间因素、安全因素及不干扰他人工作等因素充分考虑在内。

4. 制订活动计划

制订活动计划时可以以班级为整体,也可以以小组为单位,制订小组活动计划。在计划中,参观时间、地点、活动规则、注意事项等都应交代清楚。访问活动还必须考虑如何与被访者进行交流,交流时间些什么,怎么问或谁来问等问题。要鼓励学生有创意地进行活动设计,尽可能将社会考察、参观和访问活动与研究性学习探究活动进行整合,全面了解考察、参观、访问对象,完善学生知识建构、社会阅历、生活积累和文化积累。

5. 其他注意事项

活动过程中的安全问题、交通问题、教师分配问题、学生的组织问题等也都是在进行班级活动设计时需要师生共同考虑的。

五、参观、访问活动的基本过程

1. 确定社会考察、参观、访问的主题。要求做到活动目标明确,时间、地点具体。

2. 制订活动方案。可由学生根据活动目标自主地制订考察、参观、访问的具体方案,方案要求简洁、明了,有针对性。

3. 做好相关协调联系工作。活动前应与考察、参观、访问的对象取得联系,通过交流和磋商,确定具体时间表。

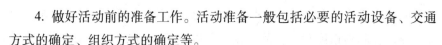

4. 做好活动前的准备工作。活动准备一般包括必要的活动设备、交通方式的确定、组织方式的确定等。

5. 进入实际情境，实施活动计划，进行资料搜集，展开实质性的考察、参观、访问活动。

6. 指导学生撰写考察、参观、访问的活动报告。

7. 交流考察、参观的体会，分享不同的感悟，进行活动的总结。

六、参观访问活动的组织和实施

组织和开展参观访问活动，要注重以下几方面环节的完善。

1. 第一个环节——找结合点

找结合点，即确定调查课题。要有针对性、典型性和时效性，真正达到"实践检验理论"的作用。如确定参观农村的调查课题，是让久居城市中学生们了解社会主义新农村；参观不同的企业，是让学生了解现代企业的发展道路。因此，活动调动了学生调查、走访的兴趣，提高了实践活动的实效性。

2. 第二个环节——组织筹备

筹备工作要充分细致，组织落实到位，各部门协调合作的有计划、有准备、有分工、重落实。

3. 第三个环节——社会实践

为了避免人多难管理、难调查、走马观花式的有形式无内容的参观访问活动，活动中，教师深入指导，认真组织；学生根据老师拟定的提纲，主动地访谈、参观、发放问卷等调查方式获取所需的信息，一定程度上保证了社会实践的效果。

4. 第四个环节——引进课堂

社会调查与课堂教学是不可割裂的，努力把两个课堂相结合，是教学实际的需要，也是课堂改革发展的需要。通过开展实践活动，把社会调查

第七章　社会实践活动的设计与实施

成果和学生反馈回来的信息经处理与加工后，再引进课堂，能够对第一课堂教学内容起到拓展和延伸的作用。所以把课堂教学与社会调查有机结合，可以取得事半功倍的双成效。

5. 第五个环节——考核评分

考核评分是最后一个环节。活动进行考核评分，采用三条标准：第一，通过调查报告的撰写，考查学生是否掌握了课本中所学知识，能不能运用这一原理说明一两个实际问题，即考查理论与实际的结合程度。第二，通过自评，考查学生的思想认识有无不同程度的提高。第三，通过组内互评学生行为表现，考查学生是否具有团队精神和合作意识。

七、参观访问活动的注意事项

参观访问活动是一种与人交往的活动，为了提高活动的有效性，活动前一定要指导学生有备而行，以体现活动的价值取向，促进活动目标的达成。

1. 参观访问活动的目的性要明确

要让全体学生明确活动的目的，只有目标明确，才能提高活动的效果，活动才能有序进行。

2. 高度重视活动中的安全问题，保障学生的身心健康与安全

在组织外出参观访问活动前，对学生要加强安全教育。活动过程中，要尽量避免不安全因素。外出活动，学校要增加教师的配备力量，以保障学生的身心健康与安全，要高度注意活动实施过程中的安全问题，保障学生的身心健康与安全，防止有害于学生身心及易引起诉讼的事件发生。

3. 活动过程中，要注重班级团队形象的塑造

外出活动，是培养班级团队精神的最佳契机。教师要引导学生明白：走出校门，班级形象即代表学校形象，个人形象也代表学校形象，活动是检验学生平时良好行为习惯的标尺。作为学校集体中的一员，每个人都有

责任为塑造良好的学校形象出力。

4. 抓住活动契机，发挥教育功能

应根据活动目标选择适当的活动方式和组织形式，以引起学生的兴趣，丰富学生的感性经验。活动后的总结提炼是对学生进行教育的最佳契机，教师要充分利用好这个契机，对学生进行因势利导的教育，提升活动的教育功能。

5. 注意活动资源的利用与开发，为学生活动提供方便

活动资源的开发一般包括两方面内容：其一是指学校对社区、社会教育资源的有效利用；其二是指社区、社会为学校有效利用其资源创造条件。学校要强化有效利用校外教育资源的意识。社会、社区、家庭也要将教育孩子的责任看成是全社会的共同责任，教育行政部门要尽可能地运用行政手段为学生的社会实践活动提供方便。

【案例】

参观中国人民抗日战争博物馆

一、活动设计意图

1. 培养学生的爱国主义精神，增强德育实效性。

2. 让学生重温那艰苦的岁月，体会革命领袖和先烈们为了我们的幸福生活，前赴后继，舍生忘死的伟大精神，感受到今天幸福生活的来之不易。

3. 激发青少年从小珍爱生活、创造美好生活的情感，在青少年学生心中竖起一座红色的丰碑。

二、活动准备

1. 活动联系

2. 活动时间

3. 工具及设备：笔、记录本、照相机等。

三、活动过程

第七章　社会实践活动的设计与实施

1. 了解抗日战争的史实细节。

2. 通过观看一些具体影像资料，如图片、录像等，深入了解敌人的残暴和英雄的中国人民的不屈不挠的反抗精神。

3. 参观结束后，组织大家畅谈观后感。

4. 对搜集的信息进行整理，并以小组为单位写出心得体会。

5. 强化爱国主义教育理念，让学生明白，今天的和平幸福生活得来不易，要努力学习、继承和发扬爱国主义的精神，传承革命先烈的遗志。

第四节 劳动实践活动的设计与实施

劳动是人运用劳动能力征服自然的过程，目的在于获取人生活的必需资料。可见，劳动是维持人们自下而上和发展的基本生活手段，一部人类社会发展史就是一部劳动的历史。所以，马克思曾经说过："一个民族，如果停止劳动，不用说一年，即使是一个星期，也会灭亡。这是每一个小孩都知道的事情。"

中学生作为祖国未来的接班人，其自身劳动观念及技能程度如何，决定其未来工作的性质及程度；更由于在未来的社会中，竞争日趋激烈，没有良好的劳动技能，未来将无立足之地。因此，加强中学生劳动教育，于个人未来命运有关，于社会主义现代化建设有利，与国家命运息息相关。

劳动实践活动是以学生获得积极的劳动体验、形成良好的技术素养等多方面发展为目标，且以操作性学习为特征的学习领域。它强调学生通过人与物的作用、人与人的互动来从事操作性学习，强调学生动手与动脑相结合。"综合性"、"实践性"是其较明显的特征。

一、劳动实践活动的目标

1. 树立全新观念。

21 世纪，绝非是诗歌和鲜花的海洋，而是经济、科技激烈竞争的战场，养尊处优的"小皇帝"是无法应付的。学校、社会、家庭紧密配合，站在时代高度对孩子实行全面发展的教育，培养孩子自理、自立、自信、自强。培养出坚强的后代，赢得未来。

2. 启发自我教育。

利用中小学生自尊心、羞耻心比较强的特点，启发他们进行自我教育，把热爱劳动的道理，转化为热爱劳动、热爱劳动人民的思想感情，转化为积极参与劳动的实际行动。在劳动实践中真正懂得劳动者的崇高，劳动创造成果，成果来之不易，在心灵深处真正注进劳动人民的感情。

3. 激发劳动兴趣。

把劳动和学习科学知识结合起来，激发他们的劳动兴趣。当代中小学生爱动脑筋，精神生活比较丰富，在劳动中引导他研究有趣的科学观象，把书本知识用于劳动实践，提高劳动的吸引力，激发学生学科学，用科学的积极性。在劳动中遇到困难，要鼓励学生自己设法战胜困难，在战胜困难中体验劳动的快乐，成功的喜悦，增强信心，培养自我意识和自我价值。

4. 培养劳动习惯。

要建立较为固定的劳动基地，形成以班级基地为主，社会基地、家庭基地为辅的基地群落，为学生广泛参加劳动实践奠定扎实的基础，要安排一些需要长期的劳动项目，诸如自我服务劳动、家务劳动、科技性质的劳动、公益劳动等等。通过丰富多彩的劳动实践，使学生树立正确的劳动观念，养成良好的劳动习惯，掌握一定的劳动技能。

第七章　社会实践活动的设计与实施

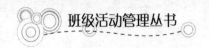

二、劳动实践活动的基本内容

1. 班级常规性劳动

班级常规性劳动涉及的范围主要包括班级的室内卫生工作、学校包干区卫生工作等。

2. 家政、自我服务性劳动

小学低年级学生主要以自我服务性劳动为主，提倡自己的事情自己做。高年级的学生可利用课余时间学习一些简单的家务劳动，学会使用常用的家用电器，如洗衣机、微波炉等。

3. 社会生产劳动

组织学生走出课堂，走向社会，深入实际的劳动情境，如农村、工厂、劳动基地等进行劳动。

4. 社区公益劳动

可与学校附近社区或学生居住地社区联系，指导学生开展一些定期或不定期的公益性劳动，如到敬老院打扫卫生、给社区花圃锄杂草等。

5. 手工劳动

主要指锻炼学生手部小肌肉的一些劳动，旨在发展学生初步的折、剪、贴、塑、雕、编等基本技能，内容可涉及纸工、陶艺、编织等。

三、劳动实践活动的设计

劳动实践活动的设计可分为常规固定式设计和主题活动性设计。活动要求班级学生尽可能全员参与，但可有不同分工或轮流进行，视具体情况而定。

1. 常规固定式设计

一般需要定期进行的一些劳动实践活动可运用常规固定式设计，如班级常规性劳动、学生自我服务劳动等。

设计可分为班级学期劳动实践活动计划或个人劳动实践活动计划。班级劳动实践活动计划一般在开学初集体制订，活动内容、人员组合、劳动分工、时间安排等可由学生讨论决定。一旦固定，各成员必须按计划履行自己的职责。个人劳动实践活动计划可由学生根据自己的实际情况而定，一般由学生自我实施。

2. 主题活动性设计

主题活动性设计有利于激发学生对劳动实践活动的兴趣，一般以劳动实践内容为主的主题活动性设计可与研究性学习相结合，这样更有利于学生系统地掌握劳动技能，激发学生的探究意识和创新精神。为了提高劳动实践活动的效果，在活动前做好活动设计工作是十分必要的。

（1）针对目标设计活动。

对某阶段重点发展学生哪些劳动技能或形成哪些劳动观念、态度，要有明确的目标，教师可组织学生针对某些拟订目标进行具体的实践活动的设计。

（2）结合学校的某些活动主题设计活动。

例如，学校对社区开展的一些公益性劳动，一些社会实践性劳动或学校举行的劳动科技节等。

（3）活动设计要具体可行、充满乐趣。

活动设计要从学生的生理和心理特点出发，要注意学生的性别差异，增强活动的针对性、安全性和选择性。活动内容、活动目标要明确，组织要有序，分组要合理。要给学生创设获取各种经历、各种体验、各种感受的机会，使劳动实践活动的学习过程成为生动活泼、多姿多彩、充满乐趣的过程。

（4）活动设计要体现实践性、趣味性、创造性、整体性。

活动要注意激发学生学习技术的兴趣，以培养学生的创新精神和实践

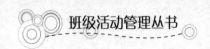

能力为重点，因地制宜地确立活动目标。在保证基本知识、基本技能、基本态度等教育目标实现的基础上，尽可能提供更多自主学习的舞台和自主探究的机会。同时要把积极的劳动态度和正确的劳动价值观的形成渗透到整个活动中去。

（5）时间安排要整体规划、灵活机动。

在时间安排上，要根据实际情况进行整体规划，可以是一课时或几课时，也可以用课内时间或课外时间。

（6）活动场所、内容要确保学生安全。

假如在校外开展活动，对劳动地点、场所要事先进行联系，必要时教师要对劳动地点、场所及劳动内容在活动前进行考察，以保证劳动实践活动的顺利进行及学生的人身安全。

四、劳动实践活动的一般步骤

1. 明确劳动实践的活动项目

根据学生年龄特点精心选择适合学生开展的活动项目，全体学生对将要进行的劳动实践活动项目都要有明确的认识和了解。

2. 确定活动目标

依据学生各方面的发展情况，提出相应的活动目标。

3. 进行活动策划

活动前要针对活动项目进行精心策划，包括活动实施的地点、实施的方式、期望达到的目标、实施的时间安排、具体的分工等。

4. 制订活动设计

将策划的事项具体地记录下来，形成活动方案。

5. 做好活动前的准备工作

包括活动工具、设备的准备，活动地点、场所的联系，活动中的时间

问题、交通问题、经费问题的协调等。

6. 实施活动计划

根据设计方案，开展具体的劳动实践活动。

7. 活动总结

总结并交流劳动实践活动中的体会、感受。

五、劳动实践活动实施中的教师指导

在劳动实践活动的实施过程中，教师的根本任务是为学生的技术学习和技术探究提供有效的指导和优质的服务。教师在指导时应注意以下几点。

1. 组织学生进行劳动项目竞赛，激发学生劳动兴趣，培养积极的劳动情感

学生最初参加劳动实践时，劳动兴趣带有暂时性，易受意外的偶然因素的影响。他们比较感兴趣的是整个劳动活动，并不是劳动的具体内容。因此在组织学生进行劳动实践时，一定要具有集体活动的色彩，只有将不同的集体活动形式同具体的劳动内容很好的结合起来、才能稳定学生的劳动兴趣，有助于提高学生的劳动自觉性。

由于劳动条件和内容的不同，集体活动的形式也要有所不同。其中比较常用的就是开展劳动竞赛，使劳动实践过程带有适当的竞赛因素，以激起学生在劳动中获得愉快的情感。特别是中低年级的学生，上进心较强，他们的主导性劳动动机是取得优秀成绩，争戴小红花，争当优秀生，以博得老师、家长的赞扬和同学们的尊重。根据学生的这一心理倾向，可以在中低年级学生的劳动实践中，适当安排一些小竞赛活动，给优胜者以适当的表扬与奖励，使学生的劳动兴趣和动机始终处于极佳处况，一定会增强教育效果。

2. 发挥学生之间的互相协作，促进学生对劳动技能的掌握

在劳动中，学生是劳动实践的主体。发挥学生之间的互相协作，乃是

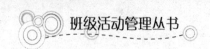

组织学生更好地实践的有效方法之一。因此教师应从学生的实际出发，为他们创造一种协作环境，引导他们互相帮助，彼此取长补短，共同协作完成任务。这样往往会收到较好的教学效果。

在劳动实践中，可以采用分工性协作，即几个人或一些人共同完成一个任务，每个人负责劳动实践中的一个环节。这样，每个学生在劳动实践时，就会体会到自己同他人，同整个集体之间的关系，考虑到这个环节的好坏，会直接影响到别人或整个劳动过程，影响到整个任务的完成。

有些劳动实践内容较为复杂，环节较多。由于学生的自我调控能力较差，加之缺乏锻炼，在从事劳动实践时，有时会出现手忙脚乱，不知所措的情形。在进行这方面的实践时，应让学生结成对子或分成小组。当一人实践时，他人可以在旁提供帮助或照顾，以保证劳动实践有条不紊地进行。

3. 以集体形式组织劳动实践，提高学生劳动技能的灵活性，培养学生的集体主义观念

在劳动实践中，不同的劳动组织形式，对学生的劳动教育影响也有区别。不同的劳动情境和条件，需要采取不同的手段和方法。

学生个人单独实践的形式，可以锻炼其独立的品质，培养其创造精神。但也容易产生单纯计较个人实践效果，炫耀自我的思想倾向。而以集体形式组织学生进行劳动实践，劳动中学生之间的关系发生了变化，每个人在劳动中的地位和作用也发生了变化，这就需要他们能灵活地运用劳动技巧，又能协调动作，搞好配合。同时，这种劳动集体本身就是一个有力的教育因素，学生在集体劳动中，会更多地想到集体的劳动效果，集体的荣誉，看到集体的力量。

【案例】

风筝的制作

一、活动主题背景

风筝又叫纸鸢，是我国传统民间手工艺品，也是我国古老的民间玩具，已有两千多年的历史。学生制作是一项运用数学、物理、美工等知识进行动手、动脑的科技活动。学生通过研究风筝，了解风筝的放飞原理、风筝制作的一般程序、了解风筝的种类，在此基础上再让学生设计风筝、制作风筝，并完成制造新风筝的基本任务。

二、活动目标

1. 使学生了解风筝悠久的历史及这一民间手工艺品演变过程。

2. 学生了解风筝的放飞原理和风筝制作的一般程序。

3. 学生能基本学会定骨架、扎线、粘纸等基本操作技能。

4. 学生在同伴一起合作过程中，能相互帮助，体会合作的重要性。

5. 开展风筝放飞活动，使学生体验劳动的喜悦，感受到劳动是一种创造。

三、活动过程

1. 引发动机、激发兴趣。

师：同学们，我们研究了风筝的历史，知道了风筝的发展变化，还看了许多风筝的图片，今天大家带来了许多风筝，是不是想放放风筝了，请各组自由放风筝去吧！

2. 发展活动

大家刚才玩了风筝，开心吗？可是这些风筝都是你们买来的，要是自己制作一个风筝那会更有趣的。

①你们在玩时发现风筝有什么特点？（形状多样、风筝对称等）

②提出任务：今天我们就要制作一只风筝。

③各组可以两人或者三人合作做风筝。（要求：安静、默契、动作迅速。）

材料：配套风筝材料。如果有能力小组自己创作风筝，材料自领。碰

第七章　社会实践活动的设计与实施

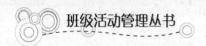

到疑难问题可以请教教师。

④学生制作风筝，教师巡回指导。

⑤各组把做完的风筝进行试飞，试飞成功的教师给以奖励。试飞成功的可以当小老师帮助其他同学。失败的原因找不出请求老师的帮助。（重心不对、风筝纸捅破、尾巴太轻、尾巴太重、线角度不符合要求。）

⑥学生一边调试一边修改。各组分别汇报试飞结果。

⑦教师小结，归纳建议：如风筝骨架要对称，风筝面料应完整粘牢，要找准重心等。

3. 课堂综评，抛砖引玉

风筝作品在不断创新，具有鲜明的时代特色。风筝品种繁多，但都是别人的创造，你能设计出与众不同的风筝吗？

四、反思与评析

1. 借助生活经验，培养创新能力。一切科学知识都来自生活，受生活的启迪。本课教学的内容是学生共同确定的课题，也是与学生的生活实际密切结合，充分考虑学生的年龄特点及生活空间，内容"近、小、实"，学生明确了选题后，各小组展示了风筝制作的原材料，风筝的种类，并通过现场了解风筝的放飞原理，生动地介绍了他们的研究成果。同时还现场帮助其他组的同学制作风筝。这样的设计，不仅生动活泼，还充分体现了劳动与技术教育的学科特点，突出了技术含量。另外，这与学生生活有着密切联系的内容，在一定程度上影响着学习的效果。在风筝的制作过程中，学生能联系自己的生活经验多角度地考虑：我要制作出哪一种类的风筝？我要设计出现实生活中还没有出现过的风筝？……这样形成解决问题的基本策略，不能不说这是一种创新，是学生具有良好技术意识的体现。整节课学生的学习情绪高涨，让他们在实际生活中尝试到学习的乐趣。

2. 改变传统的教学模式和课堂结构，充分发挥学生的主体性，让课堂活起来。劳技课的一大特点就是精讲多练，学生在课堂上动手练习的机会占的比例很高。在传统的教学模式中教师先讲，学生再跟着做，学生只是单纯的模仿，这只是低级劳动。记得赛格纳斯曾经说过"避免愚蠢和枯燥的劳作和没有意义的不需要思想的劳作"，我很赞同他的观点，在劳技课上学生的劳动是有思想的，有创造性的劳动。这就需要提供充分的自由空间让他们来思想、来发挥。我摆脱了手把手地教，而是让学生充分的玩风筝、看风筝、想风筝、研究风筝、制作风筝，让他们在实践中积累经验，通过实践改进自己想法欠缺的地方。此时学生成功了，那不是老师教的，而是通过他们自己的脑力劳动获得的，那一份成功的喜悦和老师那儿拷贝到的知识，感觉真的不一样。通过这次活动，学生确实感受到自己是学习的主人，课堂气氛活了起来，学生学的愉快，收获也很多。

3. 反思整个活动，还存在不少问题。

①如何使活动真正贴近学生的生活

活动中学生获得的更多的资料是关于风筝的历史等网络资料，而生成性的，生活化的资料较少。

②如何在活动中引导学生作好反思

学生只有学会反思、自觉反思，随时调整小组计划，才能使活动开展得有声有色。所以，教师如何采取相应的策略来调控并引导学生的反思就至关重要。

③如何使评价达到内化

整个活动真正的过程性评价并不明显，这基于教师更多地关注每一个学生，将学生的自我反思与即时性评价充分结合，真正达到促进与提高每一个学生发展的目的。

附 录

中小学德育工作规程

（1998 年 3 月 16 日发布）

第一章　总则

第一条　为加强中小学德育工作，依据《中华人民共和国教育法》及有关规定制定本规程。

第二条　德育即对学生进行政治、思想、道德和心理品质教育，是中小学素质教育的重要组成部分，对青少年学生健康成长和学校工作起着导向、动力、保证作用。

第三条　中小学德育工作必须坚持以马列主义、毛泽东思想和邓小平理论为指导，把坚定正确的政治方向放在第一位。

第四条　中小学德育工作要坚持从本地区实际和青少年儿童的实际出发，遵循中小学生思想品德形成的规律和社会发展的要求，整体规划中小学德育体系。

第五条　中小学德育工作的基本任务是，培养学生成为热爱社会主义祖国、具有社会公德、文明行为习惯、遵纪守法的公民。在这个基础上，引导他们逐步树立正确的世界观、人生观、价值观，不断提高社会主义思想觉悟，并为使他们中的优秀分子将来能够成为坚定的共产主义者奠定基础。

第六条　小学、初中、高中阶段具体的德育目标、德育内容、德育实施途径等均遵照国家教育委员会颁布的《小学德育纲要》、《中学德育大纲》施行。

第七条　中小学德育工作要注意同智育、体育、美育、劳动教育等紧

密结合，要注意同家庭教育、社会教育紧密结合，积极争取有关部门的支持，促进形成良好的社区育人环境。

第八条　中小学德育的基本内容和基本要求应当在保证相对稳定的基础上，根据形势的发展不断充实和完善。

第九条　德育科研是中小学德育工作的重要组成部分，应当在马列主义、毛泽东思想和邓小平理论指导下，为教育行政部门的决策服务。

第二章　管理职责

第十条　国务院教育行政部门负责制定全国中小学德育工作的方针政策和基本规章，宏观指导全国的中小学德育工作、校外教育工作、工读教育工作。

第十一条　国务院教育行政部门和省级人民政府教育行政部门应设立或确定主管中小学德育工作的职能机构，地市级和县级人民政府教育行政部门根据本地区的实际，设立或确定主管中小学德育工作的职能机构，也可由专职人员管理。

第十二条　各级教育行政部门要充分发挥德育科学研究部门和学术团体的作用，鼓励德育科研人员与教育行政管理人员和中小学教师密切合作开展课题的研究，还要为德育科研人员参加国内外学术交流活动创造条件。

第十三条　各级教育督导部门要定期开展中小学德育专项督导检查，建立切实可行的德育督导评估制度。

第十四条　中小学校的德育工作应实行校长负责的领导管理体制。中小学校长要全面贯彻教育方针，主持制定切实可行的德育工作计划，组织全体教师、职工，通过课内外、校内外各种教育途径，实施《小学德育纲要》、《中学德育大纲》。

第十五条　普通中学要明确专门机构主管德育工作。城市小学、农村乡镇中心小学应有一名教导主任分管德育工作。

第十六条　少先队和共青团工作是中小学德育工作的重要组成部分。中小学校要充分发挥少先队和共青团组织协助学校开展思想政治教育工作

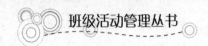

的作用。

第十七条 中小学校应通过书面征询、重点调查、访谈等多种方式了解社会各界对学校德育工作的评价以及学生毕业后的品德表现，不断改进德育工作。

第三章 思想品德课和思想政治课

第十八条 思想品德课、思想政治课是小学生和中学生的必修课程。思想品德和思想政治课的教材包括：课本、教学参考书、教学挂图和图册、音像教材、教学软件等。

第十九条 国务院教育行政部门指导思想品德课、思想政治课课程建设；组织审定（查）思想品德课、思想政治课教材。

第二十条 地方各级人民政府教育行政部门，具体指导思想品德课和思想政治课的教学工作，贯彻落实国务院教育行政部门颁布的课程教学计划、《课程标准》。各级教学研究机构中的思想品德课和思想政治课教研员具体组织教师的培训工作、开展教学研究和教学评估，帮助教师不断提高教学质量，有计划地培养骨干教师和学科带头人。

第二十一条 中小学校必须按照课程计划开设思想品德课和思想政治课，不得减少课时或挪作它用。中小学校要通过思想品德课和思想政治课考核，了解学生对所学基本知识和基本理论常识的理解程度及其运用的基本能力。

第四章 常规教育

第二十二条 中小学校必须遵照《中华人民共和国国旗法》及国家教育委员会《关于施行＜中华人民共和国国旗法＞严格中小学升降旗制度的通知》要求，建立升降国旗制度。

第二十三条 中小学校每年应当结合国家的重要节日、纪念日及各民族传统节日，引导学生开展丰富多彩的教育活动，并逐步形成制度。

第二十四条 各级教育行政部门和中小学校应切实保证校会、班会、团（队）会、社会实践的时间。小学、初中、高中每学年应分别用 1～3

天、5天、7天的时间有计划地组织学生到德育基地、少年军校或其他适宜的场所进行参观、训练等社会实践活动。

第二十五条 各级教育行政部门和中小学校要认真贯彻落实《小学生守则》、《中学生守则》、《小学生日常行为规范》、《中学生日常行为规范》,形成良好的校风。

第二十六条 中小学应实行定期评定学生品德行为和定期评选"三好"学生、优秀学生干部(中学)、优秀班集体的制度。评定的标准、方法、程序,依据《中学德育大纲》和《小学德育纲要》施行。学生的品德行为评定结果应当通知本人及其家长,记入学生手册,并作为学生升学、就业、参军的品德考查依据之一。

第二十七条 中小学校应当严肃校纪。对严重违反学校纪律,屡教不改的学生应当根据其所犯错误的程度给予批评教育或者纪律处分,并将处分情况通知学生家长。受处分学生已改正错误的,要及时撤销其处分。

第五章 队伍建设与管理

第二十八条 中小学教师是学校德育工作的基本力量。学校党组织的负责人、主管德育工作的行政人员、思想品德课和思想政治课的教师、班主任、共青团团委书记和少先队大队辅导员是中小学校德育工作的骨干力量。中小学德育工作者要注重德育的科学研究,各级教育行政部门要努力培养造就中小学德育专家、德育特级教师和高级教师,要创造条件不断提高思想品德课和思想政治课教师的教学水平。

第二十九条 中小学教师要认真遵守《中小学教师职业道德规范》,爱岗敬业,依法执教,热爱学生,尊重家长,严谨治学,团结协作,廉洁从教,为人师表。

第三十条 中小学校思想品德课和思想政治课教师除应具备国家法定的教师资格外,还应具备一定的马克思主义理论修养,较丰富的社会科学知识和从事德育工作的能力。

第三十一条 各级教师进修学校和中小学教师培训机构要承担培养、培训思想品德课和思想政治课教师的任务。

附录

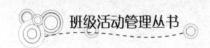

第三十二条　中小学校要建立、健全中小学班主任的聘任、培训、考核、评优制度。各级教育行政部门对长期从事班主任工作的教师应当给予奖励。

第三十三条　思想品德课和思想政治课教师及其他专职从事德育工作的教师应当按教师系列评聘教师职务。中小学教师职务评聘工作的政策要有利于加强学校的德育工作，要有利于鼓励教师教书育人。在评定职称、职级时，教师担任班主任工作的实绩应作为重要条件予以考虑。各级教育行政部门对做出突出成绩的思想品德课和思想政治课教师应当给予表彰。

第三十四条　中小学校全体教师、职工都有培养学生良好品德的责任。学校要明确规定教师、职工通过教学、管理、服务工作对学生进行品德教育的职责和要求，并认真核查落实。

第六章　物质保证

第三十五条　各级教育行政部门和中小学校要为开展德育工作提供经费保证。

第三十六条　各级教育行政部门和学校要不断完善、优化教育手段，提供德育工作所必须的场所、设施，建立德育资料库。中小学校要为思想品德课和思想政治课教师订阅必备的参考书、报刊杂志，努力配齐教学仪器设备。

第三十七条　中小学校应在校园内适当位置设立旗台、旗杆，张贴中小学生守则和中小学生日常行为规范。教室内要挂国旗。校园环境建设要有利于陶冶学生的情操，培养良好的文明行为。

第三十八条　各级教育行政部门应当会同有关部门，结合当地的实际情况和特点，建立中小学生德育基地，为学生社会实践活动提供场所。

第七章　学校、家庭与社会

第三十九条　中小学校要通过建立家长委员会、开办家长学校、家长接待日、家长会、家庭访问等方式帮助家长树立正确的教育思想，改进教育方法，提高家庭教育水平。

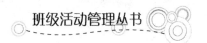

各级教育行政部门要利用报刊、广播电台、电视台等大众传媒大力普及家庭教育的科学常识；要与工会、妇联组织密切合作，落实《家长教育行为规范》。

第四十条 各级教育行政部门和学校要积极争取、鼓励社会各界和各方面人士以各种方式对中小学德育工作提供支持，充分利用社会上的各种适宜教育的场所，开展有益于学生的身心健康的活动；引导大众传媒为中小学生提供有益的精神文明作品；积极参与建立社区教育委员会的工作，优化社区育人环境。

第八章　附则

第四十一条 本规程自 1998 年 4 月 1 日起实行。

学校艺术教育工作规程

第一章　总则

第一条 为全面贯彻国家的教育方针，加强学校艺术教育工作，促进学生全面发展，根据《中华人民共和国教育法》，制定本规程。

第二条 本规程适用于小学、初级中学、普通高级中学、中等和高等职业学校、普通高等学校。

第三条 艺术教育是学校实施美育的重要途径和内容，是素质教育的有机组成部分。学校艺术教育工作包括：艺术类课程教学，课外、校外艺术教育活动，校园文化艺术环境建设。

第四条 学校艺术教育工作应以马克思列宁主义、毛泽东思想、邓小平理论为指导，坚持面向现代化、面向世界、面向未来，贯彻面向全体学生、分类指导、因地制宜、讲求实效的方针，遵循普及与提高相结合、课内与课外相结合、学习与实践相结合的原则。通过艺术教育，使学生了解

附录

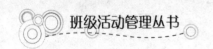

我国优秀的民族艺术文化传统和外国的优秀艺术成果，提高文化艺术素养，增强爱国主义精神；培养感受美、表现美、鉴赏美、创造美的能力，树立正确的审美观念，抵制不良文化的影响；陶冶情操，发展个性，启迪智慧，激发创新意识和创造能力，促进学生全面发展。

第五条 国务院教育行政部门主管和指导全国的学校艺术教育工作。地方各级人民政府教育行政部门主管和协调本行政区域内的学校艺术教育工作。各级教育部门应当建立对学校艺术教育工作进行督导、评估的制度。

第二章　学校艺术课程

第六条 各级各类学校应当加强艺术类课程教学，按照国家的规定和要求开齐开足艺术课程。职业学校应当开设满足不同学生需要的艺术课程。普通高等学校应当开设艺术类必修课或者选修课。

第七条 小学、初级中学、普通高级中学开设的艺术课程，应当按照国家或者授权的省级教育行政部门颁布的艺术课程标准进行教学。教学中使用经国家或者授权的省级教育行政部门审定通过的教材。职业学校、普通高等学校应当结合实际情况制定艺术类必修课或选修课的教学计划（课程方案）进行教学。

第八条 小学、初级中学、普通高级中学的艺术课程列入期末考查和毕业考核科目。

职业学校和普通高等学校的艺术课程应当进行考试或者考查，考试或者考查方式由学校自行决定。实行学分制的学校应将成绩计入学分。

第三章　课外、校外艺术教育活动

第九条 课外、校外艺术教育活动是学校艺术教育的重要组成部分。学校应当面向全体学生组织艺术社团或者艺术活动小组，每个学生至少要参加一项艺术活动。

第十条 学校每年应当根据自身条件，举办经常性、综合性、多样性的艺术活动，与艺术课程教学相结合，扩展和丰富学校艺术教育的内容和

形式。省、地、县各级教育行政部门应当定期举办学生艺术展演活动。各级各类学校在艺术教育中应当结合重大节日庆典活动对学生进行爱国主义和集体主义教育。

全国每三年举办一次中学生（包括中等职业学校的学生）艺术展演活动，每三年举办一次全国大学生（包括高等职业学校的学生）艺术展演活动。

国务院教育行政部门根据需要组织学生参加国际学生艺术活动。

第十一条 学校应当充分利用社会艺术教育资源，补充和完善艺术教育活动内容，促进艺术教育活动质量和水平的提高，推动校园文化艺术环境建设。

任何部门和学校不得组织学生参与各种商业性艺术活动或者商业性的庆典活动。学校组织学生参加社会团体、社会文化部门和其他社会组织举办的艺术比赛或活动，应向上级主管部门报告或者备案。

第十二条 学校应当为学生创造良好的校园文化艺术环境。校园的广播、演出、展览、展示以及校园的整体设计应当有利于营造健康、高雅的学校文化艺术氛围，有利于对学生进行审美教育。

校园内不得进行文化艺术产品的推销活动。

第四章 学校艺术教育的保障

第十三条 各级教育行政部门应当明确学校艺术教育管理机构，配备艺术教育管理人员和教研人员，规划、管理、指导学校艺术教育工作。

学校应当有一位校级领导主管学校艺术教育工作，并明确校内艺术教育管理部门。

学校应当注意发挥共青团、少先队、学生会在艺术教育活动中的作用。

第十四条 各级教育部门和学校应当根据国家有关规定配备专职或者兼职艺术教师，做好艺术教师的培训、管理工作，为艺术教师提供必要的工作条件。

学校的艺术教师必须具备教师资格，兼职教师应当相对稳定，非艺

附录

类专业毕业的兼职教师要接受艺术专业的培训。

艺术教师组织、指导学校课外艺术活动，应当计入教师工作量。

第十五条 学校应当设置艺术教室和艺术活动室，并按照国务院教育行政部门制定的器材配备目录配备艺术课程教学和艺术活动器材。

第十六条 各级教育行政部门和学校应当在年度工作经费预算内保证艺术教育经费。鼓励社会各界及个人捐资支持学校艺术教育事业。

第五章　奖励与处罚

第十七条 教育行政部门和学校对于在学校艺术教育工作中取得突出成绩的单位和个人，应当给予表彰和奖励。

第十八条 对违反本规程，拒不履行艺术教育责任的，按照隶属关系，分别由上级教育行政部门或者所属教育行政部门、学校给予批评教育并责令限期改正；经教育不改的，视情节轻重，对直接负责人给予行政处分。

第十九条 对侵占、破坏艺术教育场所、设施和其他财产的，依法追究法律责任。

第六章　附则

第二十条 工读学校、特殊教育学校、成人学校的艺术教育工作参照本规程执行；中等、高等专业艺术学校（学院）的艺术教育工作另行规定。

第二十一条 省级教育行政部门可根据本规程制定实施细则。

第二十二条 本规程自公布之日起 30 日后施行。

班级活动的设计与实施

学校体育工作条例

1990 年 3 月 12 日发布

第一章 总则

第一条 为保证学校体育工作的正常开展，促进学生身心的健康成长，制定本条例。

第二条 学校体育工作是指普通中小学校、农业中学、职业中学、中等专业学校、普通高等学校的体育课教学、课外体育活动、课余体育训练和体育竞赛。

第三条 学校体育工作的基本任务是：增进学生身心健康，增强学生体质；使学生掌握体育基本知识，培养学生体育运动能力和习惯；提高学生运动技术水平，为国家培养体育后备人才；对学生进行品德教育，增强组织纪律性，培养学生的勇敢、顽强、进取精神。

第四条 学校体育工作应当坚持普及与提高相结合、体育锻炼与安全卫生相结合的原则，积极开展多种形式的强身健体活动，重视继承和发扬民族传统体育，注意吸取国外学校体育的有益经验，积极开展体育科学研究工作。

第五条 学校体育工作应当面向全体学生，积极推行国家体育锻炼标准。

第六条 学校体育工作在教育行政部门领导下，由学校组织实施，并接受体育行政部门的指导。

第二章 体育课教学

第七条 学校应当根据教育行政部门的规定，组织实施体育课教学活动。

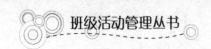

普通中小学校、农业中学、职业中学、中等专业学校各年级和普通高等学校的一、二年级必须开设体育课。普通高等学校对三年级以上学生开设体育选修课。

第八条 体育课教学应当遵循学生身心发展的规律，教学内容应当符合教学大纲的要求，符合学生年龄、性别特点和所在地区地理、气候条件。

体育课的教学形式应当灵活多样，不断改进教学方法，改善教学条件，提高教学质量。

第九条 体育课是学生毕业、升学考试科目。学生因病、残免修体育课或者免除体育课考试的，必须持医院证明，经学校体育教研室（组）审核同意，并报学校教务部门备案，记入学生健康档案。

第三章　课外体育活动

第十条 开展课外体育活动应当从实际情况出发，因地制宜，生动活泼。

普通中小学校、农业中学、职业中学每天应当安排课间操，每周安排三次以上课外体育活动，保证学生每天有一小时体育活动的时间（含体育课）。

中等专业学校、普通高等学校除安排有体育课、劳动课的当天外，每天应当组织学生开展各种课外体育活动。

第十一条 学校应当在学生中认真推行国家体育锻炼标准的达标活动和等级运动员制度。

学校可根据条件有计划地组织学生远足、野营和举办夏（冬）令营等多种形式的体育活动。

第四章　课余体育训练与竞赛

第十二条 学校应当在体育课教学和课外体育活动的基础上，开展多种形式的课余体育训练，提高学生的运动技术水平。有条件的普通中小学校、农业中学、职业中学、中等专业学校经省级教育行政部门批准，普通高等学校经国家教育委员会批准，可以开展培养优秀体育后备人才的训练。

第十三条 学校对参加课余体育训练的学生，应当安排好文化课学习，加强思想品德教育，并注意改善他们的营养。普通高等学校对运动水平较高、具有培养前途的学生，报国家教育委员会批准，可适当延长学习年限。

第十四条 学校体育竞赛贯彻小型多样、单项分散、基层为主、勤俭节约的原则。学校每学年至少举行一次以田径项目为主的全校性运动会。

普通小学校际体育竞赛在学校所在地的区、县范围内举行，普通中学校际体育竞赛在学校所在地的自治州、市范围内举行。但经省、自治区、直辖市教育行政部门批准，也可以在本省、自治区、直辖市范围内举行。

第十五条 全国中学生运动会每三年举行一次，全国大学生运动会每四年举行一次。特殊情况下，经国家教育委员会批准可提前或者延期举行。

国家教育委员会根据需要，可以安排学生参加国际学生体育竞赛。

第十六条 学校体育竞赛应当执行国家有关的体育竞赛制度和规定，树立良好的赛风。

第五章 体育教师

第十七条 体育教师应当热爱学校体育工作，具有良好的思想品德、文化素养，掌握体育教育的理论和教学方法。

第十八条 学校应当在各级教育行政部门核定的教师总编制数内，按照教学计划中体育课授课时数所占的比例和开展课余体育活动的需要配备体育教师。除普通小学外，学校应当根据学校女生数量配备一定比例的女体育教师。承担培养优秀体育后备人才训练任务的学校，体育教师的配备应当相应增加。

第十九条 各级教育行政部门和学校应当有计划地安排体育教师进修培训。对体育教师的职务聘任、工资待遇应当与其他任课教师同等对待。按照国家有关规定，有关部门应当妥善解决体育教师的工作服装和粮食

附录

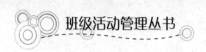

定量。

体育教师组织课间操（早操）、课外体育活动和课余训练、体育竞赛应当计算工作量。

学校对妊娠、产后的女体育教师，应当按照《女职工劳动保护规定》给予相应的照顾。

第六章 场地、器材、设备和经费

第二十条 学校的上级主管部门和学校应当按照国家或者地方制定的各类学校体育场地、器材、设备标准，有计划地逐步配齐。学校体育器材应当纳入教学仪器供应计划。新建、改建学校必须按照有关场地、器材的规定进行规划、设计和建设。

在学校比较密集的城镇地区，逐步建立中小学体育活动中心，并纳入城市建设规划。社会的体育场（馆）和体育设施应当安排一定时间免费向学生开放。

第二十一条 学校应当制定体育场地、器材、设备的管理维修制度，并由专人负责管理。

任何单位或者个人不得侵占、破坏学校体育场地或者破坏体育器材、设备。

第二十二条 各级教育行政部门和学校应当根据学校体育工作的实际需要，把学校体育经费纳入核定的年度教育经费预算内，予以妥善安排。

地方各级人民政府在安排年度学校教育经费时，应当安排一定数额的体育经费，以保证学校体育工作的开展。

国家和地方各级体育行政部门在经费上应当尽可能对学校体育工作给予支持。

国家鼓励各种社会力量以及个人自愿捐资支援学校体育工作。

第七章 组织机构和管理

第二十三条 各级教育行政部门应当健全学校体育管理机构，加强对学校体育工作的指导和检查。

学校体育工作应当作为考核学校工作的一项基本内容。普通中小学校的体育工作应当列入督导计划。

第二十四条　学校应当由一位副校（院）长主管体育工作，在制定计划、总结工作、评选先进时，应当把体育工作列为重要内容。

第二十五条　普通高等学校、中等专业学校和规模较大的普通中学，可以建立相应的体育管理部门，配备专职干部和管理人员。

班主任、辅导员应当把学校体育工作作为一项工作内容，教育和督促学生积极参加体育活动。学校的卫生部门应当与体育管理部门互相配合，搞好体育卫生工作。总务部门应当搞好学校体育工作的后勤保障。

学校应当充分发挥共青团、少先队、学生会以及大、中学生体育协会等组织在学校体育工作中的作用。

第八章　奖励与处罚

第二十六条　对在学校体育工作中成绩显著的单位和个人，各级教育、体育行政部门或者学校应当给予表彰、奖励。

第二十七条　对违反本条例，有下列行为之一的单位或者个人，由当地教育行政部门令其限期改正，并视情节轻重对直接责任人员给予批评教育或者行政处分：

（一）不按规定开设或者随意停止体育课的；

（二）未保证学生每天一小时体育活动时间（含体育课）的；

（三）在体育竞赛中违反纪律、弄虚作假的；

（四）不按国家规定解决体育教师工作服装、粮食定量的。

第二十八条　对违反本条例，侵占、破坏学校体育场地、器材、设备的单位或者个人，由当地人民政府或者教育行政部门令其限期清退和修复场地、赔偿或者修复器材、设备。

第九章　附则

第二十九条　高等体育院校和普通高等学校的体育专业的体育工作不适用本条例。

附录

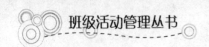

技工学校、工读学校、特殊教育学校、成人学校的学校体育工作参照本条例执行。

第三十条　国家教育委员会、国家体育运动委员会可根据本条例制定实施办法。

第三十一条　本条例自发布之日起施行。原教育部、国家体育运动委员会 1979 年 10 月 5 日发布的《高等学校体育工作暂行规定（试行草案)》和《中、小学体育工作暂行规定（试行草案)》同时废止。

班级活动的设计与实施